人間の光と闇

キリスト教の視点から

「キリスト教的視点からの人間の尊厳と深淵」研究センター
向井考史［編著］

関西学院大学出版会

人間の光と闇

キリスト教の視点から

われわれ人間は混成体である。そのため神の像であることによって高められるとしても、われわれはまた土の塵であることによって引きずりおろされるものだと私には思われる。
　　　　　　ナジアンゾスのグレゴリオス『第14講話』(PG35, 865C)

まえがき

　国家間の戦争や民族紛争、テロ、差別、抑圧、搾取、貧困、種々の犯罪といった諸問題が世界の至る所で起こっている。このような敵対、不正義、不公平、悪は、「尊厳」があるとされる人間によって歴史を通して絶え間なく起こされ、そのことにより人間の「尊厳」はないがしろにされてきた。「尊厳」とは、大辞林によれば、「とうとくおごそかなこと」であり「気高く犯しがたいこと」であるにもかかわらず、人間の尊厳は人間自身によっていとも簡単に犯されてきた。そのような人間には、果たして、「尊厳」なるものがあるのであろうか。あるとすれば、どういうことが人間の「尊厳」なのであろうか。

　キリスト教界においては、古くはアウグスティヌスが、人間の記憶、知性、愛が父と子と聖霊の三位一体の神を反映するとし、それを人間の尊厳と捉える一方で、「原罪」という概念を以て、自ら尊厳を損なう人間存在の根源的問題性を明らかにしようとした。新しくは1970年代から起こったラテン・アメリカの解放の神学や韓国の民衆神学が、政治的、経済的差別・抑圧からの解放を人間の尊厳・人権の回復としてその運動を展開した。

　「尊厳」は、世界人権宣言や解放の神学に見られるように、しばしば「人権」と並置され、同義語とされることもある。しかしながら、「尊厳」と「人権」とが全く同一の概念であるかと問われると、即座に首肯することはできない。そのことは、キリスト教界もその外側の世界も、実は「尊厳」の定義を曖昧したまま歴史を歩み続けてきた結果に他ならないゆえではないであろうか。そして21世紀に入った今、確固たる人間観の欠如が社会的・文化的混乱、価値観の混乱をもたらしていると言っても過言ではない。

　人間の尊厳とは何か。本書は2007年4月から2010年3月まで設置された関西学院大学特定プロジェクト「キリスト教的視点からの人間の尊厳と深淵」研究センター（関西学院大学共同研究、一般研究B）における共同研究の成果である。ここには10人の研究者による研究成果が所載されているが、研究を開始する段階で先ず問題となったのはその研究方法であった。ここでは「尊厳」という事柄を直截的に定義するという方法ではなく、「尊厳」とは対立する概念から反省的に考察するという方法を採ろうと考

えたが、このところですでに大きな問題に直面した。「尊厳」を反省的に考察するための対立概念あるいは対応語、すなわち、「尊厳」の反対語は何かということである。少なくとも日本語では、「尊厳」の反対語を見出すことはできない。種々意見が交わされた結果、人間の内奥深く存在する根源的な問題性を「深淵」という言葉で表し、そのこととの対比の中で「尊厳」を考察する事となった。

　この研究では、「人間の尊厳と深淵」ということについての総体的な議論はしていない。ここでなされているのはキリスト教思想の領域内での歴史的・横断的視点からの考察である。それは、キリスト教思想の単独の領域からの研究では十分な成果を得る事ができないであろうという判断に基づいている。キリスト教思想と言っても、旧新約聖書学、古代教父の思想やキリスト教美術論、中世キリスト教神学、近世及び現代のキリスト教思想、実践神学・宣教論など、それぞれ独自の研究領域が形成されており、従って問題に対する多面的な考察が必要とされた。

　特定プロジェクトには「キリスト教的視点から見た人間の尊厳と深淵」というタイトルが付けられているが、研究会ではユダヤ思想及び仏教思想からの考察も伺うことができた。本書に所載されている上田和彦の論文『借りたものを返せばいいのか──エマニュエル・レヴィナスによる「倫理」』は、ユダヤ思想を背景としたレヴィナス独自の倫理思想の紹介である。

　所載されている他の研究についての紹介は差し控えるが、いずれも人間存在の根源的な問題性と深く関わっているゆえに、「人間の尊厳」とは何かを考えるためのよすがとしていただければ、それに過ぎたる喜びはない。

　出版に当たっては、研究テーマの「人間の尊厳と深淵」という表題の「深淵」が余りにも分かりにくいため、書名を「人間の光と闇──キリスト教の視点から」とした。

　最後に、本研究の継続と出版のために、日本基督教団信濃町教会から神学教育研究資金の援助を受けた。信濃町教会関係各位に深く感謝申し上げる次第である。

関西学院大学特定プロジェクト
「キリスト教的視点からの人間の尊厳と深淵」研究センター

センター長　　向井考史

目　次

まえがき………………………………………………………………　3

第1章　人間存在の光と闇──旧約聖書から　………………………　9
　　はじめに　9
　　1　被造物としての人間　10
　　2　「原罪」が人間存在の根源的様態？　17
　　3　「闇」としての自己愛の発露　24
　　4　「光」としての自己愛の発露　26
　　おわりに　29

第2章　イエスにおける人間の尊厳と深淵　…………………………　31
　　はじめに　31
　　1　イエスにおける人間の尊厳　35
　　2　人間の深淵としてのイエス　41
　　おわりに　46

第3章　社会の深淵に沈む「人間」への眼差し──カイサレアのバシレイオスとニュッサのグレゴリオスの救貧説教　………………　49
　　はじめに　49
　　1　バシレイオスとグレゴリオスの生涯　50
　　2　貧者の描写──社会の深淵に沈む貧者　51
　　3　バシレイオスの救貧説教「旱魃と飢饉のときに語られた説教」　53
　　4　グレゴリオスの説教「『これらの一人にしたことは私にしたこと』について」　59
　　おわりに──貧者における「人間」としての輝き　64

第4章　初期・中世キリスト教美術における黙示録表現　…………　67
　　はじめに　67
　　1　トルチェッロ大聖堂（サンタ・マリア・アッスンタ教会堂）について　68

2　トルチェッロ大聖堂、西正面内壁のモザイクについて　72
　　おわりに　84

第5章　キリスト教は「悪」をどう見るか——人間の「闇」についての
　　　　宗教的理解 ……………………………………………… 87
　　はじめに——「わかっちゃいるけど、やめられない」　87
　　1　悪の存在理由を解く試み　91
　　2　現代における「悪」理解の転換　95
　　3　民主主義は悪を阻止できるか　98
　　おわりに——現代のキリスト教と悪の克服　101

第6章　パスカルにおける人間の尊厳 ……………………… 105
　　はじめに　105
　　1　「思考」と「気晴らし」　106
　　2　「気晴らし」の倒錯性　109
　　3　死を考えること　112
　　4　「賭け」　115
　　5　来世を望むこと　118
　　おわりに　122

第7章　借りたものを返せばいいのか——エマニュエル・レヴィナスに
　　　　よる「倫理」 ………………………………………… 127
　　はじめに　127
　　1　負い目と負債　128
　　2　一方的な責任　129
　　3　他者を前にした〈私〉　130
　　4　〈私〉が存在することの暴力　137
　　5　無限の責任　139
　　おわりに　140

第8章　「異教徒」という人間—— 15-16世紀のカトリック南米宣教に
　　　　おける人間理解 ……………………………………… 143

はじめに　143
　　　1　聖書における異教徒　145
　　　2　インディアス問題　147
　　　3　フワン・ニネース・デ・セプールベダ　150
　　　4　バルトロメ・デ・ラス・カサス　153
　　　おわりに　157

第9章　内村鑑三と宗教的寛容──信仰と偏狭さ……………161
　　　はじめに　161
　　　1　宗教的な寛容　162
　　　2　キリスト教における寛容と内村　165
　　　3　内村の非寛容と、ネガティヴな感情　167
　　　4　教派教会に対する内村の態度　170
　　　5　他宗教に対する内村の態度　172
　　　6　世俗的、無宗教なものに対する内村の態度──内村と文学　175
　　　7　世俗的、無宗教なものに対する内村の態度──内村と社会主義
　　　　　180
　　　おわりに　182

第10章　アメリカにおけるサンクチュアリー運動（Sanctuary Movement）
　　　と教会──滞日外国人のいのちの尊厳に対する取り組みへの一
　　　考察………………………………………………………185
　　　はじめに　185
　　　1　アメリカにおけるサンクチュアリー運動　190
　　　2　サンクチュアリー運動を支える神学　201
　　　おわりに──我々はSanctuary Movementから何を学ぶのか？　205

あとがき……………………………………………………………209
執筆者略歴…………………………………………………………211

凡　例

マタイによる福音書	………… マタイ	テモテへの手紙一	………… Ⅰテモテ
マルコによる福音書	………… マルコ	テモテへの手紙二	………… Ⅱテモテ
ルカによる福音書	………… ルカ	テトスへの手紙	………… テトス
ヨハネによる福音書	………… ヨハネ	フィレモンへの手紙	………… フィレモン
使徒言行録	………… 使徒言行録	ヘブライ人への手紙	………… ヘブライ
ローマの信徒への手紙	……… ローマ	ヤコブの手紙	………… ヤコブ
コリントの信徒への手紙一	…… Ⅰコリント	ペトロの手紙一	………… Ⅰペトロ
コリントの信徒への手紙二	…… Ⅱコリント	ペトロの手紙二	………… Ⅱペトロ
ガラテヤの信徒への手紙	…… ガラテヤ	ヨハネの手紙一	………… Ⅰヨハネ
エフェソの信徒への手紙	…… エフェソ	ヨハネの手紙二	………… Ⅱヨハネ
フィリピの信徒への手紙	……… フィリピ	ヨハネの手紙三	………… Ⅲヨハネ
コロサイの信徒への手紙	…… コロサイ	ユダの手紙	………… ユダ
テサロニケの信徒への手紙一	… Ⅰテサロニケ	ヨハネの黙示録	………… 黙示録
テサロニケの信徒への手紙二	… Ⅱテサロニケ		

旧約聖書および旧約聖書続編の文書には略語を用いていない。

第1章　人間存在の光と闇
　　　──旧約聖書から

向井考史

はじめに

　キリスト教は、旧約聖書と新約聖書をその正典としている。正典とは、キリスト教信徒の信仰と生活の規範となるべき書物を言う。新約聖書は、ナザレ人のイエスこそ旧約聖書の預言者達によって預言されたメシア（ヒブル語で「油注がれたもの」）、キリスト（クリストス、ギリシャ語で「救い主」）であるという「キリスト論」に、その議論を集中している。このため新約聖書は、人間観、世界観、自然観、歴史観等において、十分な論を提供しているとは言い難い。これに対して旧約聖書は、キリスト論以外の上記諸問題に対する神の言葉を、その内に有していると言って良い。ただし、ここでいう「神の言葉」とは、直接、無媒介的に神から下される言葉ではなく、人間とその世界の持つ根源的問題性を問うための人間の「自己理解」である。「神の言葉」とは、人間の「自己理解」を通して、人間とその世界の根源的問題性を明らかにする言葉に他ならない。

　さて、キリスト教の持つ基本的な人間理解である「被造物としての人間」「神の像（神の形）としての人間」、あるいは「罪ある存在としての人間」（いわゆる『原罪』）は、すべて旧約聖書に端を発するものである。そこで旧約聖書の人間論を通して、人間存在の何が光であって何が闇なのかを以下に考察する。

1　被造物としての人間

(1)「生きるもの」

主なる神は、土の塵で人を形づくり、その鼻に命の息を吹き入れられた。人はこうして生きるものとなった。(創世記2章7節)

創世記2章7節は、土で造られた人形の鼻から神によって「命の息」が吹き入れられて、人形は「生きるもの」(ヒブル語ではネフェシュ　ハイヤー『生命ある魂』)となったと記して、人間が神によって造られたものであるとしている。そして、人間が造られたのは、エデンの園の土を耕すためであった。このことは、三つの人間理解を示している。

一つは、人間は神によって生命が与えられたものであり、したがって、神との関係なくしては人間たり得ないという理解である。このことは、人間というものが、神を含めて他者との関係においてしか生きることのできないもの、すなわち、人間は「対他存在」あるいは「関係存在」であるということを明らかにしている。

アイデンティティという言葉がある。「自我同一性」あるいは「自己同一性」と訳されるこの言葉は良く知られているが、この語を心理学用語として始めて用いたE. H. エリクソンによれば、アイデンティティとは「自分の置かれている特定の社会的枠組みの中で、自分の役割を確認することによって、自分の存在の意味を見出すこと」である[1]。そしてエリクソンは、アイデンティティが確立されると人は活き活きと生きることができ、拡散すると人は「自我の死」を体験するとも言っている[2]。旧約聖書もまた、人間は神との関係の中で自分の役割を知って生きない限り、その生には何の意味もなく、死に等しいという理解を基本的に持っている。

---

1)　E.H. エリクソン著、岩瀬庸理訳『アイデンティティ』金沢文庫、1982年、166頁以下。
2)　E.H. エリクソン著、小比木敬吾訳「モラトリアムとアイデンティティ拡散」『現代のエスプリ』No.78　アイデンティティ、至文堂、1974年、188頁。

二つ目に、神から人間に対して与えられた役割は、土を耕すこと、すなわち、労働である。労働は、エデンの園に人間が置かれている限り、決して辛いことでも、苦しいことでもない。人間にとって労働が苦しみとなるのは、エデンの園から東に人間が追い出されて後である。
　三つ目は、言うまでもなく、人間が土によって造られているということであり、それは、人間がもろく儚い存在であって、やがては「命の息」が取り去られて死を迎え、もとの土に帰らなければならないということ明らかにしている。創世記5章には800年、900年というような、とても信じられないほどの長生きをした人々が登場するが、彼らについての記事は、「そして彼は死んだ」という一言で締めくくられている。神によって生命の息を吹き入れられていても、そしてどんなに長生きをしても、人は必ず死ぬ。[3]
　この三つの人間理解の中にすでに、旧約聖書が語る人間存在の光と闇の一部が現れている。しかし、土人形に吹き入れられた「生命の息」と、それによって人形の中に生まれた「生命ある魂」とは一体何なのであろうか。このことについては後に「『原罪』が人間存在の根源的様態？」の項で考察することにして、先ず「神の像」として造られた人間という理解について考える。

(2)「神の像」

　我々にかたどり、我々に似せて、人を造ろう。そして海の魚、空の鳥、家畜、地の獣、地を這うものすべてを支配させよう。神はご自分にかたどって人を創造された。神にかたどって創造された。男と女に創造された。
　神は彼らを祝福して言われた。「産めよ、増えよ、地に満ちて地を従わ

---

3) 創世記5章に記されている事柄が、歴史物語ではなく、神話であることに注意が払われなければならない。ここに登場する人々の中で、ただ一人エノクだけが「そして彼は死んだ」とは記されておらず、「神が彼を取られたのでいなくなった」と記されている。生きたまま神に召されたという神話的表現を通して、生きることの幸いは神と共にあることであって、それはどんなに長生きをするよりも祝福に満ちているということを示唆している。

せよ。海の魚、空の鳥、地の上を這う生き物をすべて支配せよ」（創世記1章26-28節）

創世記1章26節は、人間は神によって、「神にかたどり、神に似せて」造られたと記している。そして人間の創造は、地上の生き物を「従わせ」「支配させる」ことを目的としてなされた。このことは、上述した創世記2章の、エデンの園の土を耕すこと（労働）を目的として造られた人間という人間理解と少し異なっているように見えるが、「従わせて、支配するために働く」ということでは軌を一にしていると言って良いであろう。

「我々（神）にかたどり、我々に似せて、人を造ろう」という創世記1章26節の言葉は、「神の像」あるいは「神の形」（Imago Dei）という神学的命題として、古代教父から現代に至るまで、主にキリスト教教義学の分野において取り扱われてきた。

人間の何を以って「神の像」とするのかということを巡る教義学者たちの議論は、非常に不思議なことに、ほとんど創世記の字句の解釈とは関係のないところで議論されて来ている。ここでは「神の像」の教義学的展開を跡付けることが目的ではないので詳細については触れないが、「神の像」とは何かということについての代表的な見解を挙げると、人間の持つ「霊性」「理性」「倫理観」「道徳的判断力」「尊厳」「人格性」「自由」などである。

旧約聖書学においてこの問題が論じられるようになったのは19世紀に入ってからであるが、旧約学者たちの提供してきた解釈も、教義学者達によって展開されてきた解釈から全く自由というわけではない。代表的な解釈を挙げると、「神と人間とのパートナーシップ」「全人的存在としての人間」「創造主との関係を持つ可能性」「神との対応関係にある人間」「神の地上の代理人としての人間」などである。

「神の地上の代理人としての人間」という解釈は、C. ヴェスターマンによると、[4] H. ヘーンによって1915年に提供されたものであるが、その後「王」を「神の形」と表現している古代エジプトやメソポタミアの文書が

---

4) C. Westermann, tr.by John J. Scullion S.J, *Genesis 1-11, A Commentary,* Augsburg Publishing House, Minneapolis, 1987, p.151.

発見されたことから、現代の学者の多くはヘーンの解釈を受けて、「神の像」を「支配」と結びつけている。確かに、創世記の字句は、他の被造物に対して持つ、人間の「支配権」を表しているようではある。

このように、「神の像」が、キリスト教の歴史の中で、人間存在の光の部分（尊厳）と考えられてきたことは明らかである。けれども、果たして創世記の著者は、「理性」や「道徳的判断力」や「人格性」というような意味を、「我々にかたどり、我々に似せて」という言葉で表そうとしたのであろうか。そのようには考えにくい。第一、ここには、「神の像」というような名詞や概念は語られていない。ここで語られているのは、「我々にかたどり、我々に似せて人を造る」ということのみである。そこで、「造る」という動詞に注目する必要がある。すなわち、「造る」のは神に「かたどった（ヒブル語でツェレム）」人間、神に「似せた（ヒブル語でドゥムース）」人間である。

ツェレムは英語訳聖書ではほとんどの場合"image"と訳され、「偶像」という意味で用いられる語である。すなわち、この語が意味するのは「外見的形態」である。

ドゥムースは"similarity" "similitude" "likeness" "resemblance"と訳される語であり、これもまた「形態的類似」や「相似」を表す語である。

すなわち、「造られた人間」は外形的に神と同じ、人間の姿形は神のそれと同じである、ということがここで語られていることなのである。「我々にかたどり、我々に似せて」というように、形態的類似を表す語であるツェレムとドゥムースが重ねて用いられているのは、神と人間の形態的相似が強調されるためである。神と人間は、外的、形態的には全く同じ格好をしている、ということに他ならない。目に見えない神が人間と全く同じ形態をしているということを、創世記の記者はどのようにして知ったのであろうか。神の啓示によるのであろうか。ここでの問題はそういうことではない。ここでの問題は、創世記の記者が、人間は神と同じ外的形態を有していると考えたのは何故か。あるいは逆に、神は人間と同じ外形をしている、と考えたのは何故かということにある。それは、創世記の記者の、すなわち、人間の、「自己認識」あるいは「自己理解」を示している。

神は人間にとって、あらゆる存在の中でもっとも優れているお方、優れて美しい存在である。その神と人間が同じ形をしていると考えるということは、人間の姿形こそが、この世界に存在するあらゆる被造物の中で最も美しいものである、と人間が自己自身を認識していることを示している。人間の姿形は最も美しく、その美しい外見のうちに神から託されている能力もまた、あらゆる被造物の中で最も優れたものである、という自己理解が、「我々にかたどり、我々に似せて」という言葉によって表されているのである。

　古代世界には、神を牛やライオンや蛇などの表象によって表そうとした民族もあった。おそらく、それらの動物が持つ、人間にはない特殊な力を「神的な力」と考えた結果であろう。しかし、ヒブル人（古代イスラエル人）は、人間よりも劣っていると思われる動物の姿を神が有しているとは考えなかった。人間こそが、神の似姿にもっともふさわしいと考えたのは、繰り返すが、人間こそあらゆる被造物の中でもっとも優れた存在である、という自己理解からなのである。

　このこと自体は、人間を神々の世界に反逆したために殺された下級神から造られたものとする古代メソポタミアの幾つかの神話[5]における人間理解よりも、積極的、肯定的理解であると言える。しかしながら、我々は、もう一歩踏み込んで、このヒブルの人間理解の中にある問題点を明らかにしておかなければならない。それは、人間こそが被造物の中で最も優れた存在であるという自己理解が、どのようにして生み出されたのか、その根本にある動機は一体何なのか、ということである。たとえ人間が自己自身を、神と同じ姿形を持っていると認識し、さらに、そのことを人間の「尊厳」として認識したとしても、その認識の根本にある動機は何かということを明瞭に理解していなければ、その認識そのものが害悪をもたらす可能性を有しているからである。

　具体的には、神と同じ姿形を有しているゆえに、人間は他の被造物よりも優れているという自己理解が、被造物の「支配者」としての人間という

---

[5] 一例を挙げると、W.G. Lambert & A.R. Millard, *ATRA-ḪASĪS. THE BABYLONIAN STORY OF THE FLOOD*, Oxford University Press, 1964, pp.57-59.

理解へと展開されていくことである。この項の最初に引用した創世記 1 章 26-28 節に再び目を向ける[6]。

　近年しばしば、ことにエコロジーとの関係で、この箇所が問題にされる。この箇所こそが、産業革命以来の欧米世界の近代化政策、工業化政策を背後で支えた基本的思想であり、その意味で大規模環境破壊の出発点である、という批判である[7]。キリスト教世界において、この創世記の言葉を根拠として他の被造物に対する人間の優位性が主張されたため、人間は自然を支配するものとしての自己認識を持つようになり、人間の生活の便宜を図るためには自然を搾取、収奪し、破壊して当然とするようになった、というのである。ドイツの旧約聖書学者であった H. グンケルは、1901 年に著した「創世記」のこの箇所に関する注解の中で、「凄まじい用語（ラーダーとカーバシュ、従属させる）によって、人間は地球及び全ての動物に対する支配を約束されている。これらは力強い言葉、人類の文明の全歴史のための綱領！」と述べている[8]。この解釈は、工業化社会という彼の時代

---

[6] 詩編 8 編も同様の内容を持っている。
[7] 代表的な例を挙げると、米国の歴史学者である L. ホワイトは、「キリスト教は、古代の異教思想やアジアの宗教（恐らくゾロアスター教を除いて）とは全く対照的に、人間と自然という二元的見方を確立したばかりでなく、自らの理にかなった目的のためには、人間は自然を思いのままに利用しても良いということが神のみこころである、とも主張した」と言って、キリスト教を批判している。Lynn White, Jr., The Historical Roots of Our Ecological Crisis, *SCIENCE 155,* 1967, p.1205.
　　また、ニュージーランドの地理学者である E. ストークスを中心として編集された、テ　ウレウェラ森林に関する調査報告書には以下のような叙述がある。「環境保護の倫理がヨーロッパ文化の中で展開されつつあるのは、工業社会によって地球とその資源が過度に搾取されて来たことへの反作用と見る事ができる。人間は他の被造物よりも優れているというユダヤ・キリスト教的思想が創世記の中に記されている。
　　『神は彼らを祝福して言われた。「産めよ、増えよ、地に満ちて地を従わせよ。海の魚、空の鳥、地の上を這う生き物をすべて支配せよ』（創世記 1 章 28 節）
　　『地を従わせよ』という事柄の中に暗示されているのは、環境全体の中での人間の位置の静かなる受容という事ではなくて、自然や野生生物との絶え間ない闘いの思想である。人間と自然、野生と飼育、荒れ地と耕地、原始人と文明人というような二元論の下には、ユダヤ・キリスト教的伝統の中にある、環境に対するすべての姿勢が横たわっている」。E. Stokes, et.al., *Te Urewera: Nga Iwi, Te Whenua,Te Ngahere* (The Urewera: The People, the Land, the Forest), University of Waikato, 1986, p.345.
[8] H. Gunkel, *Genesis,* Vandenhoeck und Ruprecht, Göttingen, 1901, 1922, 5 Aufl., s.113.

の特徴を、良く表していると言って良いであろう。神と同じ姿形を有しているゆえに、人間は他の被造物よりも優れているという自己理解が、環境破壊という害悪をもたらした例である。

確かに、この箇所は「支配させよ（ヒブル語ではラーダー）」「従わせよ（ヒブル語ではカーバシュ）」「治めよ（ラーダー）」という二つの言葉によって、人間の造られた目的、すなわち、人間の被造世界における役割・機能を明らかにしている。しかし、問題は、この「支配する」という役割、機能を、神から人間に与えられた「権能」と理解したことにある。そのことは、「従わせよ（カーバシュ）」「治めよ（ラーダー）」という、通常「支配」を表すために用いられる「マーシャル」よりもはるかに強い、グンケルの言葉を借りれば、「凄まじい」語が用いられていることから明らかである。

「ラーダー」は、「征服する」「強権を持って支配する」「足で踏みつける」という仕方での支配を表し、「カーバシュ」もまた、「征服する」「侵害する」「捕縛して拘束する」という仕方での支配を表す語である。このような強い意味を持つ動詞が用いられていることの背景には、ノアの洪水物語や、出エジプト物語の中で語られているイナゴやカエルやアブの大発生などの自然災害が明らかにしているように、自然と人間との間の長い闘争の歴史があるのであろう。厳しい自然条件の中で、安定した生活を営むためには、自然の力を克服し、制圧・支配する必要を感じていたであろうことは理解できる。しかしこのことが、近代の欧米世界によって、より便利で安定した生活を営むためには自然を搾取し、破壊しても良いとする典拠の句として読まれたことは、グンケルの解釈によっても明らかである。

環境・生態論者達からの批判を受けて、最近の注解者の中には、この人間の機能を「被造世界の安寧のための維持管理」あるいは「他の被造物の世話」として解釈しようとする傾向が見られる[9]。けれども、そういった解釈は「ラーダー」「カーバシュ」という用語から見ても明らかに誤りであって、しかもここに暗示されている人間存在の根源的問題性（闇）を見過ご

---

9) W. ブルッグマン著、向井考史訳『創世記』（現代聖書注解）日本基督教団出版局、1986年、69-70頁。

しにしてしまう。ここで問われるべきは、人間の中にあって「神と同じ形をしている」と自己を認識させた動機とは一体何なのか、「神と同じ形をしているゆえに、他の被造物よりも優れている」と人間に自己を認識させた動機とは一体何なのか、そして、「ラーダー」「カーバシュ」という語を用いてまでも、他の被造物に対する支配権を持つものとして自己を認識させた動機とは一体何なのか、ということである。それこそが、人間存在の根源的問題性と考えられるからである。

その動機とは何か。それは、「自己愛」に他ならない。他の被造物よりも自分の方が優れているという認識をもたらすものは自己愛であり、より便利で安定した生活を営むためには自然を搾取し、破壊する権能が人間には与えられているという認識をもたらすものも自己愛である。この自己愛こそが、人間存在の根源的問題性に他ならない。

創世記を始めとして、聖書の各文書は、自己愛という人間の持つ問題性を根底に据えながら、人間とその世界の問題を展開するのである。そのことを、キリスト教の根本的な人間理解であり、人間存在の「闇」とされてきた「原罪」を問い直すことによって、さらに考察する。

2 「原罪」が人間存在の根源的様態？

蛇は女に言った。「園のどの木からも食べてはいけない、などと神は言われたのか。」女は蛇に答えた。「わたしたちは園の木の果実を食べても良いのです。でも、園の中央に生えている木の果実だけは食べてはいけない、触れてもいけない、死んではいけないから、と神様はおっしゃいました。」蛇は女に言った。「決して死ぬことはない。それを食べると、目が開け、神のように善悪を知るものとなることを神はご存知なのだ。女が見ると、その木はいかにもおいしそうで、目を引き付け、賢くなるように唆していた。女は実を取って食べ、一緒にいた男にも渡したので、彼も食べた。(創世記3章1b-6節)

その日、風の吹くころ、主なる神が園の中を歩く音が聞こえてきた。ア

ダムと女が、主なる神の顔を避けて、園の木の間に隠れると、主なる神はアダムを呼ばれた。「どこにいるのか。」彼は答えた。「あなたの足音が園の中に聞こえたので、恐ろしくなり、隠れております。わたしは裸ですから。」神は言われた。「お前が裸であることを誰が告げたのか。取って食べるなと命じた木から食べたのか。」アダムは答えた。「あなたがわたしと共にいるようにしてくださった（その）女が、木から取って与えたので、食べました。」主なる神は女に向かって言われた。「何ということをしたのか。」女は答えた。「蛇がだましたので、食べてしまいました。」
（創世記3章8-13節）

（1）原罪？

創世記3章は、いわゆる「堕罪物語」として、あるいは「楽園追放」の物語として人々に親しまれ、文学や絵画の題材としても多く取り上げられてきた。この物語は、聖書の物語の中で、キリスト教世界の外においても最も良く知られているものの一つであろう。

外典の第2エズラ書（ラテン語のエズラ書）には、「ああ、アダムよ、あなたはいったい何ということをしたのか。あなたが罪を犯したとき、あなただけが堕落したのではなく、あなたから生まれたわたしたちも堕落したのである」（7章118節）と記されており、「アダムの犯した罪」が人間の世代を通してずっと継続していることが語られている。新約聖書においては、パウロがローマの信徒への手紙5章で、「一人の人の罪」「一人の人による罪過」「一人の人の不従順」によって、全人類が死すべき存在として運命づけられたことを繰り返し述べている。そして、アウグスティヌスがペラギウスとの論争の中で「原罪」を明確にして以来、キリスト教の歴史の中では、この物語は人間の「原罪」を物語るものとして注目され、そのように解釈されてきた。そのようにして「原罪」は、人間存在の最も暗い部分、すなわち「闇」として、人間論の中心的主題となってきたのである。

「原罪」とは何かということについて、多くの注解者達は、パウロにしたがって、「神に対する背反」、あるいは、「神の言葉への不従順、不服従」

として来ている。前世紀の旧約学者であったG. フォン　ラートは、このことを少し言い換えて、「創造の際に人間に定められた限界を超えようとするタイタニズム、ヒュブリス（傲慢）」とし[10]、これを受けて城崎 進は「人間の自己神化」としている[11]。

　しかしながら、果たしてこの箇所は「原罪」ということを語っているのであろうか。実は、この箇所の語ることを「原罪」とすると、それによって聖書を誤りなき神の言葉として解釈することが非常に困難になることが起こる。その例を一つだけ挙げておこう。

　「原罪」を「神の言葉への不従順、背反」とすれば、例えば、イスラエル王国の初代の王となったサウルに対して語られた「行け。アマレクを討ち、アマレクに属するものは一切、滅ぼし尽くせ。男も女も、子供も乳飲み子も、牛も羊も、らくだもろばも打ち殺せ。容赦してならない」（サムエル記上15章3節）という神の言葉をどのように受け取れば良いのであろうか。サウルはこの言葉に聞き従わなかったために王位から退けられている。この神の言葉は、古代イスラエルという「神の選びの民」に対して語られたものである。しかし、聖書の言葉は時代を超えて普遍妥当性を持つ真理であるというのがキリスト教の考え方であり、しかもキリスト教は自己を「新しいイスラエル」「新しい神の選びの民」と認識しているゆえに、この言葉は現代のキリスト教に対しても語られている神の言葉である。現代のキリスト教にとっての「アマレク」とは何か。キリスト教宣教を阻む諸宗教、諸文化なのであろうか。キリスト教は神の言葉への不服従とならないために、これらを殲滅しなければならないのだろうか。キリスト教がそのように神の言葉を理解し、そのように行った歴史を持っているという事実は動かせない。しかし、それが誤りであったことは、ごく限られたキリスト教原理主義者以外は認めるであろう。人々に救いの光をもたらすべきキリスト教が、聖書解釈の誤りの結果、闇をもたらしたのである。

　このように、創世記3章の語ることが人間の「原罪」であり、「原罪」

---

[10]　G. von Rad, tr.by J.H. Marks, *GENESIS,* SCM Press, 1963, p.87.
[11]　城崎 進「創世神話の説教」『説教者のための聖書講解　創世記』日本基督教団出版局、1984年、9頁。

が「神の言葉への不服従」であるとすると、聖書の中には普遍妥当性を持つ真理として神の言葉を解釈することが不可能な箇所がいくつもある[12]。それらの箇所にも普遍妥当な真理性を持たせるためには、「原罪」に代わる解釈を創世記3章から引き出さなければならない。

(2) 自己愛！

先に引用しておいた創世記3章1節後半から6節と、8節から13節が、従来「堕罪物語」と呼ばれてきた物語の主要部分である。この物語は、その表層においては確かに「神の言葉への不服従」の物語として読むことができる。「取るな」と命じられていた「禁断の木」から「取って、食べた」のであるから、それは間違いなく「神の言葉への不服従」には違いない。さらに、「それを食べることによって」「神のように善悪を知るものとなれる」ということでもあるから、G. フォン ラートや城崎 進の指摘するごとく、「限界を超えて神のごとくなりたい」という思いや、「自己神化」というような、人間の内なる願いを明らかにする物語であるとすることも、誤りではない。けれどもそれは、物語の深層に暗示されている、人間の中にあって「自己神化」というような結末へと至らせる動機を明らかにはしていない。すなわち、神のようになりたいという思いは一体何によって人間にもたらされるのか、ということを明らかにはしていない。

こういった思いを起こさせる動機は何かということを明らかにするために有用なのは、「善悪の知識の木の実」を食べた後、神から問いかけられた時の男女の釈明の仕方である（3章8-13節）。

「善悪の知識の木の実」を取って食べた後の人間は、「自分自身が進んで食べたのではなく、だまされたのだ」という弁解をする。男は「あなたが共にいるようにしてくださったその女（ヒブル語では「女」に定冠詞が付けられているので「その女」と訳すべき）が取ってくれたので、食べたのです」と言う。神が女を造り、男のところへ連れてきた時、喜びに満ちて「これこそついに私の骨の骨、肉の肉」と叫んだ男（創世記2章23節）が、

---

12) 例えば、詩編137編7-9節、オバデヤ書、マラキ書1章2-4節、使徒言行録4章11-12節など。

今や憎しみを込めて「その女」と言う。「その女がいなかったら、こんな事態にはならなかった。悪いのはその女だ。その女を連れてきた神様、あなたに責任がある」というのが男の言い分である。女は蛇に責任を転嫁する。「蛇がだましたので、食べてしまいました」。蛇は神によって造られたものであるゆえに、女もまた、責任の最終所在が神にあるとしているのである。

このように、「わたしが悪いのではない」「わたしは間違っていない」という自己主張、弁明を人間にさせる動機は一体何なのであろうか。人間をしてこのような自己保全をさせる根本的動機は、「自分自身がかわいい」という心の動き、すなわち、「自己愛」に他ならない。自己愛ゆえに、人間は責任を他者に転嫁し、責任を負うことを回避しようとする。そしてそのようにして人間関係を破壊し、互いに疎外し合う事態を引き起こす。この最初の男女の例が、そのことを明らかにしている。男が、一度は大喜びで迎えた女を「その女」と呼び、憎しみを露にするのも、自己愛ゆえである。

それでは自己愛が人間になければ、責任転嫁や憎しみが起こらず、人間関係がうまく行くのであろうか。精神病理学では、自己愛がなければ、人間関係の構築ができないとされている。自己愛がなければ、他者との関係の中で生きることも、他者を愛することもできないのである。だからこそレビ記は、「あなた自身のようにあなたの隣人を愛さなければならない」(19章18節) と言うのであり、そしてパウロもまた、「夫も自分の妻を、自分のからだのように愛さねばならない。自分の妻を愛するものは、自分自身を愛するのである。自分自身を憎んだものは、いまだかつて、ひとりもいない〔……〕あなたがたは、それぞれ、自分の妻を自分自身のように愛しなさい」(エフェソ5章28節以下) と勧めるのである。自己愛は、それがあれば人間関係を破壊し、それがなければ人間関係を構築できないという、実に面妖な働きをする。そして、「神への不服従」や「自己神化」は、自己愛の具体的表象に他ならないのである。

しかしながら、一体自己愛は、「善悪の知識の木の実」を食べた結果、すなわち、従来の解釈で言えば「堕罪によって」、人間に発生したものな

のであろうか。創世記3章からはそのようには考えられない。蛇に唆されて、女が木の実に目をやったとき、彼女はそれが「いかにもおいしそうで、目を引き付け、賢くなるように唆してい」る、と感じている。「いかにもおいしそう」は、それを食べることによって食欲を満たし、自分を満足させたいという欲求であり、「目を引き付け」は対象を好奇心を持って見るということである。「賢くなるように唆してい」ると感じるのは、自己がより良いものでありたいと願い、それを食べることによってより良い自己へと高めることができるのではないかという期待である。彼女にこういった感情をもたらす動機は、紛れもなく自己愛に他ならない。こういった感情が生まれるのは、「善悪の知識の木」の実を食べる以前に、すでに彼女の中に自己愛があったからである。

　これより以前、女が造られて男の所に連れて来られた時、男は「これぞついにわたしの骨の骨、肉の肉」（2章23節）と叫んで喜んでいる。もしこのときまでに自己愛が男の中に形成されていなければなければ、男は女を愛する対象として受け入れることはできなかったはずである。先に述べたように、他者を愛するためには、愛する本人の中に自己愛がなければならないからである。

　それでは、一体いつ、自己愛が人間の中に入り込んだのであろうか。創世記2-3章の創造神話を読む限り、それは、人間が造られた時、と考える以外にない。すなわち、土人形に「命の息」が吹き込まれた時、自己愛も一緒に吹き込まれたと言うしかない。むしろ、「命の息」とは「自己愛」なのである。とすれば、自己愛は神の自己愛に端を発するものということになる。そして自己愛こそが、人間存在の根源的問題性であると同時に、人間を人間たらしめている本質、「生命ある魂」（ネフェシュ　ハイヤー）である[13]。ただ、神の自己愛発露の仕方は人間のそれとは異なる。そのことが明らかにされる書物、それが聖書である。

---

13)　ただし、人間以外の動植物に自己愛がないとは言い切れない。例えば、犬や猫がすり寄ったり噛み付いたりする、あるいは、植物がより生育に適した土地を奪い合うということが、自己愛によるものではないとは断言できない。しかし、他の被造物にも自己愛が備わっているとしても、それが人間と同様に、関係性の中に置かれている「自己の自覚」にまで至っているかどうかは疑問である。

このような観点からすれば、創世記3章を「堕罪物語」としていた従来の理解が果たして正しいのかどうか、検討の余地がある。少なくともそれは「罪に落ちた」物語ではなく、「原罪」について語る物語でもない。「原罪」というような概念はここには語られてはいない。ここに語られているのは、人間という存在の「根源的在り方」ある。「自己愛」が、人間存在の「根源的様態」なのである。そして「自己愛」そのものは決して「原罪」ではない。なぜなら、「罪」という語は、人間存在の「闇」の側面、「負」の側面を表すが、「自己愛」は同様の側面を持つと同時に、関係を構築するという「光」の側面、「正」の側面をも有しているからである。

もし「原罪」ということに拘泥するのであれば、自己愛の負の側面を「原罪」とすることは可能である。それが人間存在の「闇」の部分であることは間違いないからである。しかしながら、人間の根源的存在様態を「原罪」とするのは誤りと言わねばならない。人間存在の根源的様態は、繰り返して言うが、自己愛だからであり、自己愛そのものは光、すなわち善、と闇、すなわち悪、の両方の要素を持っているからである。人間が、一方で良いことをしながら他方で悪いことをする、また逆に、一方で悪いことをしながら他方で良いことをする、という両義性を持つのは、この自己愛の両義性の現れに他ならない。自己愛は両義的なのである。

ここに至って、「善悪の知識の木」の性質が明らかになる。その実を取って食べた結果起こって来たものは、「自己の自覚」であったのである。すなわち、ここで言われている「善悪の知識」とは、関係性の中に置かれている自己を認識する能力と考えても良いであろう。「それを食べると神のようになれる」とは、そのような能力を持ったものとなるということである。すなわち、置かれている関係の中で、「自己愛」をいかなる仕方で用いるのかに関わる能力である。それはまさに、肯定的関係（善＝光）をもたらす能力であり、また、破綻的関係（悪＝闇）をもたらす能力でもある。

「神のようになれる」のであれば、何故この実を食べてはいけないと神は言うのであろうか。それは、人間の最初の自己の自覚が、自我防衛という仕方で現れたことから明らかなように、人間の本質である自己愛は何よりも先ず自我防衛、すなわち、他者への責任転嫁、あるいは他者の排除と

いう仕方で現れることがその理由であろう。

　人間の自己愛の「闇」なる発露の仕方と、神の自己愛の「光」なる発露の仕方とを聖書の中に見ることによって、以下に人間存在の光と闇を考察することにしよう。

3　「闇」としての自己愛の発露

　すでに1節（2）項の「神の像」の項で述べた通り、「人は神にかたどって、神に似せて」造られたという一見肯定的に見える自己理解にも、「それゆえに人間こそがこの地上で最も優れた存在である」という傲慢さが潜んでいる。人間が神の形に造られている自己理解それ自体は、自己自身が優れたものでありたいという願いの現れであり、また、人間が神の形に造られているということの中に、人間の尊厳を見出していることは明らかである。にもかかわらず、人間の両義的な自己愛は、その「闇」の側面においてより強く発露することを聖書は直視している。二つの例を挙げる。

（1）創世記4章1-16節

　この箇所は「カインとアベルの物語」として広く知られており、1952年にジョン・スタインベックによって著され、後に映画化された「エデンの東」はこの物語を題材にしている。また、親兄弟間の葛藤関係を表す「カイン・コンプレックス」という心理学用語があるが、それもこの物語から採られたものである。

　カインは農耕を、アベルは牧畜を職業としていた。二人がそれぞれの産物を神に捧げたところ、アベルの供え物は受け入れられて、カインの供え物は受け入れられなかった。弟アベルの供え物が神によって顧みられ、自らのものは顧みられないことを知ったカインは、「顔を伏せ」る（6節）。これは、神に対する不信や不満を表すと同時に、弟アベルに対する憎しみをも表している。　人間は、自分よりも劣っていると思われる者（ここでは弟）が、自分以上に顧みられることに耐えられない。それは人間に強い嫉妬心を起こさせる。その嫉妬心を起こさせるのは、言うまでもなく自

己愛の働きである。自己愛は、嫉妬心を起こさせ、それを憎しみへと展開させていく。そして、その憎しみは、殺してもなお飽き足りないほどに強い。カインは捧げ物が顧みられなかったことにより傷付けられた自我を、アベルを殺すことによって保全しようとするのである。すなわち、憎しみの源は、憎い相手にあるのではなく、自己の内にある自己保全という動機、自己愛にあることを、この物語は明らかにしている。

(2) サムエル記上 15 章 1-11 節

上述のごとく、人間存在の根源的様態を「原罪」とし、「原罪」を「神の言葉への不服従」とすると、解釈することが不可能な箇所である。殊に、「行け。アマレクを討ち、アマレクに属するものは一切、滅ぼし尽くせ。男も女も、子供も乳飲み子も、牛も羊も、らくだもろばも打ち殺せ。容赦してならない」(サムエル記上 15 章 3 節)という神の言葉は解釈者達を悩ませてきた。この箇所を古代近東世界に共通してあった「聖戦思想」によって説明している注解書は数多くあるが、その現代的意義を記したものは見当たらない。「このようなことを聖書の中に読むのは辛い」と言う注解者さえある。[14]

それでは、人間の根源的存在様態を「原罪」から「自己愛」へと替えることによって、この箇所からどのような現代的意義が取り出され、神の言葉とされ得るのであろうか。二つのことを読み取ることが可能である。

第一に、この箇所は宗教というものが民族主義的志向を鼓舞するための固有の役割を有しており、殊にそれは、その民族の危機意識(自己愛)が強まるほど、その役割が大きくなる、ということを明らかにしている。すなわち、宗教・信仰というものの持つ根源的な問題性を明らかにしているという点において、神の言葉であると言える。

第二に、それは第一点を換言することであるが、一旦戦争が起こると、人間は自己保全のためには「皆殺しにする」ことがあたかも神の命令であるかのごとくに敵を憎むものであることを明らかにしていることである。

---

14) 山我哲夫「サムエル記上」『新共同訳聖書注解 I』日本基督教団出版部、1996 年、512 頁。

すなわち、人間の自己保全の欲求（自己愛）は敵を「皆殺しにする」ことを神に語らせ、それを自己の使命として理解するほどに強いものである、ということを描き出すことによって、自己愛という人間の根源的問題性を明らかにしているのであって、このゆえに、それは神の言葉であると言えるのである。

聖書が神の言葉であるとは、書かれている字面そのものが神の言葉であるということではない。聖書という書物は、そこに記している事柄によって、人間とその世界の何を根源的問題として語っているのか、それはどのようにすれば解決されるのかを示している点で、神の言葉なのである。

4 「光」としての自己愛の発露

それでは神の自己愛の発露の仕方、あるいは、神が人間に求める自己愛の発露の仕方はどうであろうか。従来キリスト教においては、イエス・キリストの十字架の出来事から、「自己否定」や「自己愛の克服」を、他者との「共同の生」のための条件としてきたように思われる。しかしながら、先に述べたように、自己愛の否定は人間関係の不成立につながる可能性があるため、神の言葉としての聖書が語っていることとは思えない。そこで、ここでもまた、いくつかの聖書テキストを取り上げて、この問題を考えてみよう。

(1) 創世記 11 章 1-9 節

この箇所は「バベルの塔の物語」として、創世記 3 章や 4 章同様良く知られている。この物語は、なぜ様々な人種があり、様々な言語があって、相互理解ができないのかということを説明する原因物語であり、人間の「思い上がり」「傲慢」「自己絶対化」に対する「裁き」として読まれてきた。確かに、この箇所を読む限り、人間の「傲慢さ」ゆえ、相互理解が不可能になるという神の裁きが下り、その結果として、多様な人種、多様な言語、多様な文化が生まれたことになっている。しかし、このことを逆の観点から見れば、多様な人種、多様な言語、多様な文化が存在し、その中で

生きることが「自己絶対化」や「自己神化」を防ぐための手段であり、そのような多様性の中で生きることが、実は「祝福」の事態である事が示されているのである。神の「裁き」は、「祝福」をもう一つの側面として有している。この箇所は、多様な価値を互いに認め合い、尊重し合い、そのようにして互いに互いを高め合うような関係の中で人間が生きるように神が求めていることを示唆している。その関係は、自己愛の否定によるのではなく、むしろ他者の持つ価値を認め、尊重し、他者を高めることによって自らもまた高まるという仕方での、自己愛の積極的・肯定的展開によるものである。

(2) エレミヤ書 29 章 5-7 節

　この箇所は、預言者エレミヤがバビロンに囚われになっているイスラエルの同胞たちに宛てて書いた手紙である。エレミヤはバビロンに囚われている同胞たちに対して、その地に根付き、その町の平安のために祈ることを勧めている。5 節には、「畑を作ってその産物を食べよ」という勧めがある。この勧めは、確かに字義通りの意味を持つであろう。それ以外に、捕囚民が生活の糧を得る手立てがないからである。しかしながら、異なった土壌、異なった気候の中での農耕は、その土地の耕作技術を学ぶことなしには充分な収穫を上げ得ない。そしてエレミヤの時代、農耕技術はその土地の文化そのものであったと言える。したがって、「その（地の）産物を食べる」とはその地の文化に学び、それを受容することをも意味し得る。その地の文化を受容するとは、自己の持つ固有の文化を放棄して、その文化に全く同化するということではない。それは、その文化の持つ固有の価値を認識し、自己の負う文化との共存の道を作り出す努力を意味するのである。

　そのことは、7 節の「その町の平安のために祈る」という言葉によって、明らかにされる。「その町の平安を祈る」ということは、その町の持つ固有の価値を認めない限りなし得ないことである。それは「その町」に代表される異質な文化の受容の勧めであり、同時にそれは、「その町」のための「執り成し」に他ならない。エレミヤは、このことこそが捕囚という神

の裁きの事態を体験したイスラエルが見出すべき、新しい存在の意味であることを明らかにする。すなわち、「執り成し」という行為によって、自らの持つ固有の価値を新しく確認することになるのである。そして、このこともまた、自己愛の積極的・肯定的展開である。

(3) イザヤ書52章13節－53章12節

「苦難の僕の歌」と呼ばれるこの箇所は、上記のことをさらに一層明らかにしている。この歌は、私見によれば、便宜的に第二イザヤと呼ばれる無名の預言者の基本的使信である「地上におけるイスラエルの王的地位」[15]という民族主義的主張を、「世界の救済のために受難する王」という普遍主義的理解へと転換するために挿入されたものである。すなわち、編集者は、第二イザヤの民族主義的主張がもはや成就し難い状況になった時、一方で「イスラエルの王的地位」を確信しつつ、しかしながら「この王は他民族のために代償的苦難を負う王」であるとして、新しいイスラエルのアイデンティティを得ようとしたのである。そこでは「イスラエルの王的地位」という認識、すなわち「自己愛」、は否定されても、放棄されてもいない。むしろ「受難の王」となることによって、その王は「高められる」のである。52章13節には、「見よ、わがしもべは栄える。彼は高められ、あげられ、ひじょうに高くなる」と記されている。他者の価値を受容し、その固有の価値のために自ら苦難を負い、執り成しをなすこと、そのことによって自らは高められるのである。自己をそのようにして高揚すること、それは決して自己否定や自己愛の放棄ではなく、自己愛の昇華なのである。

---

15) 拙論「第二イザヤの創造論Ⅳ」『神学研究』第28号、関西学院大学神学研究会、1980年、1-18頁。
拙論「第二イザヤの創造論Ⅴ」『神学研究』第33号、関西学院大学神学研究会、1985年、1-27頁。

おわりに

　ナザレ人イエスの十字架の死という出来事に端を発するキリスト教は、この十字架の死を、人々を罪から救うための贖罪の死として理解し、このことは自己を否定し、自己愛を放棄することによってしかなされなかった、としてきた。また、ナザレ人イエスが自己を否定することができ、自己愛を放棄することができたのは、彼が神の子であったからであるともしてきた。

　贖罪の死については異議を挟まないが、自己否定による死、自己愛の放棄による死ということについては疑問がある。もしそうであるなら、「わが神、わが神、なぜわたしをお見捨てになったのですか」（マタイ 27 章 46 節）と、なぜイエスは十字架上で叫んだのか。そこには見捨てられる自分を嘆く自己愛があるのではないか。

　しかし、このイエスの自己愛は同じ十字架上で、「父よ、彼らをお赦しください」（ルカ 23 章 34 節）という執り成しとなって発露する。預言者第 2 イザヤが語った「苦難のしもべ」がナザレ人イエスの十字架において成就している。自分を十字架につけるものを許し、彼らをも価値あるものとして受容し、その固有の価値のために執り成しをなす姿の中に、神の自己愛の発露の仕方を見ることができる。このようにして、ナザレ人イエスは「キリスト・イエス」へと高められるのである。

　我々もナザレ人イエスと同じ自己愛を、我々の存在の根源に有している。もちろん、だからと言って、誰もがナザレ人イエスと同じ生き方、死に方ができるわけではない。けれども、他者との関わりにおいて、あるいは地球環境との関わりにおいて、自己愛を光として発露させるか、あるいは闇として発露させるかは、まさに我々自身の決断によるのである。

第2章　イエスにおける人間の尊厳と深淵

佐藤　研

はじめに

(1)「人間の尊厳」

　本章における用語の方向付けから始めよう。「尊厳」という言葉は、ラテン語の dignitas の翻訳と考えていい。これは、dignus という形容詞の名詞形であって、辞書には一般的に次のように説明されている。

　①価値ある（尊敬に価する）功績、地位、人格、これにふさわしい威厳、威光、威信、気品、品位、品格、②影響力、重要性、重々しさ、権威、尊厳、③高位、高官、顕職、地位の高い人、名誉、名声、④風采、面目、対面、自尊、壮観、偉観。[1]

　ギリシャ語なら αξίωμα とか τιμή とか δόξα とかいうであろう。要するに dignitas は、外見、威信、公的生における高い地位、社会における認知の重要さを示す語である。[2] つまり、古代人にとって最も重要な「名誉／誉れ」(honor) との関係で多用される語なのである。こうした背景にあっては、「誰々の尊厳」とは言っても、「人間（なるものの）の尊厳」という表現は基本的に視野に入ってこないであろう。事実、この表現が始めて現れるの

---

1) 國原吉之助『古典ラテン語辞典』大学書林、209 頁参照。
2) H. Cancik, Würde des Menschen, RGG⁴ VIII, 2005, Sp. 1736.

はキケロ（『義務論』I30,106、紀元前 44 年頃）であるが、そこでの人間の尊厳とは、動物と比較して、人間は快楽への衝動などを抑制する理性を有している、という意味合いで出てくるに過ぎない。

「人間の尊厳」（dignitas hominis）というテーマが固有のものとして現れるのは、実は近代以降、いわゆる近代的自我が確立されてからである。この時期から、それは法学・倫理学・哲学の次元で取り上げられるに至った。例えば 17 世紀の哲学者パスカル（1623-1662 年）の『パンセ』の中にある有名な「考える葦」の段落では、次のように言われている。

> われわれの尊厳（dignité）の一切は、考える（penser）ことの中にある。[3]

この際とりわけ重要なのは、自分の死ぬ運命と宇宙の優越性とを自らの思考（penser）という機能の中に把握している人間の姿である。その後、E・カント（1724-1804 年）に至ると、パスカルの機能的定義を超えた深みから人間の「尊厳」を根拠づける作業がなされる。

> 人間には尊厳（絶対的内的価値）（eine Würde [einen absoluten innern Werth]）がそなわっているのであって、人間はそれによってこの世界の他の一切の理性的存在者から自分に対して尊敬を払わせ、この種類の他のすべての存在者と自分とをひき比べて、平等の立場で自己を評価することができるのである。自分の人格の内なる人間性（Die Menschheit in seiner Person）こそ、彼が他のあらゆる人間から要求できる尊敬の客体である。[4]

つまり、カントに至って、道徳的「実践理性の主体」としての「人格」（Person）が「尊厳」の根拠とされるに至るのである。

---

3)『パンセ』ブランシュヴィック版 347 番。
4)『カント』（世界の名著）第 2 部第 2 章第 3 節 §11、森口美都男・佐藤全弘訳（中央公論社版 595 頁）。若干の修正あり。傍点は原訳文通り。

もっとも、「人間の尊厳」という表現自体が一般化し、人権との並行で鮮明に意識されるようになったのは、実は第二次世界大戦後の現代であろう。[5] 例えば、ドイツ連邦共和国基本法の第一条が、「人間の尊厳は不可侵である」(Die Würde des Menschen ist unantastbar) という言葉で始まることは極めて象徴的である。

ということは、「人間の尊厳」というすぐれて近現代的な表現は、イエスないしはイエスに始まる最初期の宗教社会運動には直接的に当てはめることが出来ない、ということである。イエス時代には、その表象が全くなかったからである。あえて適用するときには、かなりの時代錯誤を覚悟してかからねばならない。また、「尊厳」という語のみにしても、古代においては社会的名誉(honor)の意味範疇で使われた言葉であってみれば、それをかなり可塑的に理解しなければ、イエスには適応できかねると言わねばならない。

もっとも、イスラエル宗教と聖書との世界にあっては、「神の似姿」として神によって創られた人間(創世記1章26節)を、それ以外の創造物とともに、絶対肯定する——「はなはだ良かった(טוֹב מְאֹד)」[6](創世記1章31節)——根本思想がある。この思想はまた、「ノアの洪水」を通して、善悪の彼岸にまで及ぶ被造物の絶対肯定にまで深化される。すなわち、神が言うには——

人に対して大地を呪うことは二度とすまい。人が心に思うことは、幼いときから悪いのだ。わたしは、この度(たび)したように生き物をことごとく打つことは、二度とすまい(創世記8章21節)。

このように、創造主の絶対恩恵の中に、善悪を超えてまで肯定され、愛されている人間の事態、それゆえ死を超えてまで神が人間と「共にいる」(マタイ10章29節並行。黙示録21章3節)事態——いわば真実の「神の子ら」性——のかけがえのなさを、今、聖書の伝統の中での「人間の尊厳」とし

---

5) H. Cancik, Art. "Menschenwürde", Der Neue Pauly VII, 1999, Sp. 1262.
6) あるいは、「はなはだ美しかった」とも訳しうる。

て、本章では拡大解釈して使用することとしよう。したがってそれは、近現代的な「人間の尊厳」という、哲学・倫理学・法学・政治学的理念ではなく、とりあえず本章にのみ妥当する、このイスラエル的宗教的事態を指すメタファー的表現であることを断っておく。

(2)「深淵」

他方、「深淵」の語は、そうした概念史に規定された言葉ではない。これは、西洋の言葉で言えばラテン語の profundum、ギリシャ語の ἄβυσσος が背後にあると見られるであろう。もっともこれは、東洋においても古くからある言葉で、元来は「川などの深い所」を意味し、それが多くは比喩的な次元で援用されるものである。「深淵に臨んで薄氷を踏むが如し」とは、『詩経』の小雅にある有名な句で、「危険な立場にあること」の譬である。比喩であってみれば、それを定義することはもともと困難であろうが、そうした中でも一つの使い方は、人間が陥った甚だしい苦悩・問題・絶望を表現するものであろう。詩編130編は次の有名な言葉で始まる。

　　主よ、私は深き淵よりあなたに呼ばわる。

もう一つは、人間の内的世界ないしは運命の「底なし」さ、そのヌミノーゼ的な空怖ろしさを指示するものであろう。すなわち、理屈や既成の観念では割り切れない、心的な目まいや嘔吐を引き起こすほどに不気味な事態を暗示する語である。こうした雰囲気をよく表している言葉に、F・ニーチェの次の言葉がある。

　　化け物と戦う者は、その際自らも化け物とならぬよう、心せよ。
　　汝、久しく或る深淵を見入る時、その深淵もまた汝を見入る。

---

7)『精選版・日本国語大辞典　2』小学館、2006年、716頁。
8) 同上。
9) מַעֲמַקִּים,「深く（ある）」を意味する עמק に由来。
10)『善悪の彼岸』146節。

つまり、「尊厳」(dignitas) がそれ相当の歴史的議論を背後に持った学的概念であるとすれば、「深淵」(profundum) とは何よりもすぐれて文学的詩学的な表現ということが出来よう。「尊厳」と「深淵」とは、いわば同じ土俵の用語ではないのである。このことを意識しておくことは、十分に意味のあることであろう。

そこで、私に与えられた課題は、以上のように互いに別方向から設定されたこれら二つのキーワードからナザレのイエスを観察すればどうなるか、ということである。それも、単に二つ別々の観点を並列させるというだけでなく、それらを相互に照射させ合ってみれば何が浮上するか、という点も重要としたい。もっとも、とりわけ「深淵」という詩的な鍵言葉の性格のゆえに、客観的・学問的というよりも文学的人間論的な表現次元を動くようになることは予想に難くない。

1 イエスにおける人間の尊厳

まず、「イエスにおける人間の尊厳」ということを考えれば、やはり彼が、そうした「人間の尊厳」を喪失させられたガリラヤの没落民衆のために戦ったという基本的事実を忘れるわけには行かない。この点は多少の説明を要する。

(1) ガリラヤの特殊性

そもそもイスラエルの民は、前722年に北王国イスラエルが大国アッシリアに滅ぼされ、また587年には南王国ユダが新バビロニアに滅亡させられて以来、異邦人の非尊厳的支配に甘んじてきた。その中でもガリラヤの地は、先の北王国の滅亡以来、「異邦人どものガリラヤ」(イザヤ書8章23節)と言われるように、イスラエル民族の歴史とは単に周辺的にしか関わらずに時が過ぎてきた。再びユダヤ人の入植が開始されたのは、紀元前2世紀中頃と言われる。そして紀元前2世紀の終わり頃から、暫時独立を勝ち取ったハスモン王朝によって積極的にユダヤ化が推進されたものと思われる。しかしそのことは逆に、ガリラヤはユダヤの伝統から見れば——具体的に

はエルサレム中心主義から言わせれば——全くの後進地域であり、宗教文化的な僻地であったということを意味する。「異邦人どものガリラヤ」という言葉が蔑称（マタイ4章15節）として再登場し、また「馬鹿なガリラヤ人ども」等の新たな差別表現が出てくることになる。

　しかしながら、人々が新たにガリラヤに入植したということ自体、この地域の経済社会的な可能性の豊かさを示唆している。農業的にも漁業的にも、ガリラヤはパレスチナで最も肥沃な生産地であることは明かである。前者に関しては、パレスチナでも最も豊壌なゲネサレ平野をガリラヤ湖の北西に持ち、またガリラヤの南端には豊かな農業収穫を約束するエズレル平野を擁する。パレスチナの他の地域が、多くはステップ地帯か荒野か砂漠であることを思えば、この稀少性は際立たずにいない。また後者の漁業では、パレスチナ唯一の淡水湖であるガリラヤ湖がガリラヤ固有の漁業を可能にし、その生産物は組織的に輸出された。ただ問題は、こうしたガリラヤの富が、ヘロデ王家と大土地所有者が当地を治める中で、決して一般民衆の潤いにはならず、民衆の貧困化と没落を生んで行った事実にある。

（2）イエスの生い立ち

　イエスはこうした中で、ガリラヤの「大工の子」（マタイ13章55節）として生まれた。当時の大工とは、いわば木材加工業一般であり、石材も扱ったと思われる。社会的にさほど上層ではないであろうが、しかし一種の技能階級であって、時折主張されるような最下層の階級出身では決してない。そうした手工業者の世界の例に漏れず、イエスも父親の職を嗣いで自ら「大工」（マルコ6章3節）になったのであろう。しかしこの父親のヨセフは——今さまざまな状況証拠を持ち出すのは控えるが——おそらくイエスがまだ若いうちに他界したのではないかと思われる[11]。ということは、イエスは割合に若くして一家の大黒柱になったということである。

　イエスは、大工として、ガリラヤ中を歩き回るのを常としたに違いない。大工というものは、自分の家で何かを作ってそこをお店にして売るという

---

[11] 佐藤研「イエスの父はいつ死んだか」『婦人の友』93巻10号、1999年9月、62-65頁参照。

商売ではないからである。需要のあるところに出向くとすれば、それはガリラヤ中に足を伸ばすことに他ならない。ということは、彼は、当時のガリラヤの民衆の実態をつぶさに知るに至ったに相違ない。そのくらい土地の現実を知らずしては、大工の職業は続けていけないからである。つまり、民衆の人間性の蹂躙という過酷な現実が、持続的に彼の目の前にあっただろうと思われる。具体的には、一方で領主ヘロデ・アンティパスの重税と大土地所有者らの搾取で経済的に没落するか、あるいはその危機に瀕しつつも搾取され続けるという実態、さらに他方では社会宗教的次元において、エルサレムの神殿体制による神殿税の搾取とその救済体制からの半恒常的な締め出しの状態のことである。[12]

(3) バプテスマのヨハネの登場

こうした中、紀元二八年の春頃、突然ヨハネという人物がヨルダン川流域に現れる。彼は、間もなく「火」の審きが到来し、「〔諸々の〕罪の赦しに至る回心のバプテスマ」（マルコ1章4節）を受けぬ者は一切審かれ滅ぶ、と叫び、異様なまでに挑戦的な宣教活動を始めた。そもそも「罪の赦し」は神殿でしか与えられない質のものであるから、この要求自体、神殿体制への果たし状に他ならない。したがって、彼の宣教に惹かれてその回りに集まった者たちは、神殿体制には何らかの程度で失望ないし絶望した人々であったろうことが想定できる。そしてイエスがまさに、そのような者たちの一人だったに違いないのである。イエスは意を決してガリラヤを離れ、ヨルダン河のヨハネの許に赴き、彼からバプテスマを受け、その弟子になったからである（マルコ1章9節）。

しかし、ガリラヤとペレアの領主ヘロデ・アンティパスは、このヨハネが反乱の元凶になることを恐れ、彼を捕らえて処刑してしまった。[13] これは、

---

12) 第2神殿時代の宗教生活の中心は神殿であるが、ガリラヤの貧民が一週間以上かけてエルサレムを往復することが常に可能であったはずがない。加えて、身体障碍者は神殿にそもそも入れなかった。
13) ヨセフス『ユダヤ古代誌』18:116-119 参照。マルコ6章17節以下の話はおそらく二次的創作。

イエスを含めたヨハネの弟子たちにとっては大変な打撃であり、衝撃だったであろう。もっとも、それで終わっていれば、世界史的には何も起こらなかったはずである。しかしイエスは、このヨハネの惨殺を契機に、思いがけない飛躍を遂げるのである。

(4) イエスの公活動

目を被うような悲劇がかえって思いがけぬ心の飛躍を招来することは、けっして珍しくはない。イエスの場合は、それが極端な形で現れたのであろう。何が変じたかと言えば、ヨハネが告知していた世の終わりと神の審きのリアリティが、全く色彩を変じて顕現したのである。今ここで、既に始まった救いのリアリティとして。それを彼は、例えば、「神の王国は近づいた」（マルコ1章15節など）と表現した。この認識が彼に、預言者的と言える熱狂と歓喜のエネルギーを生んで行ったのである。

①ガリラヤの民衆へ

イエスはこれをひっさげてガリラヤの没落民衆の中に入って行った。彼らの「人間としての尊厳」——つまりその「神の子ら」性——がやがて回復される、その最終過程は既に始まっている。したがってそのリアリティを「先取り」して生きよ、との訴えの開始であった。その「パフォーマンス」の一つが、垣根のない共同の飲み食いであった。

> さて、彼の家でイエスが［食事の座で］横になるということが生じる。さらに、多くの徴税人や罪人が、イエスやその弟子たちと一緒に横になっていた。彼に従っていたそのような者たちは、実に大勢いたのである〔……〕（マルコ2章15節）。

もう一つの特長は、病に苦しむ者への「癒し」であった。これが「人間の尊厳」の回復であったことを示す次のような言葉がある。

> アブラハムの娘であるこの女(ひと)は、サタンが何と十八年間も縛りつけてい

たのだ。安息日にその桎梏から解かれねばならないのは当然ではないか（ルカ 13 章 16 節）。

ここで典型的な「癒し」の物語を示しておこう。

さて、十二年もの間、血が流れ出て止まらない一人の女がいた。多くの医者にさんざん苦しめられて、持っている財をすべて使い果たしてしまったが、何の役にも立たず、むしろいっそう悪くなった。彼女はイエスのことを聞き、群衆にまぎれてやって来て、後ろから彼の着物に触った。「あの方の着物にでもいいから触れば、私は救われる」と彼女は思っていたからである。するとすぐに彼女の血の源泉が乾き、彼女は自分が苦しみから癒されたことを体で悟った。〔……〕女は自分に起こったことを知り、恐れ、また戦き、やって来て彼のもとにひれ伏して、彼に一切をつつみ隠さず語った。そこで彼は彼女に言った、「娘御よ、あなたの信頼が［今］あなたを救ったのだ。安らかに行きなさい。そしてあなたの苦しみから［解かれて］達者でいなさい」（マルコ 5 章 25-34 節）。

この物語にもあるように、「癒し」の多くは、イエスの磁場に人々が全幅の信頼を寄せることによって自然発火的に生じたのであろう——たとえそれが後代、イエスを奇蹟行者と見る幾多の伝承の成立を促したとしても。ただし、イエスにとっては、こうした驚異的事件は、苦悩する人間にその意味性を回復する「神の王国」到来の証しそのものであった。

私が神の指によって悪霊どもを追い出しているのなら、神の王国はあなたたちの上にまさに到来したのだ（ルカ 11 章 20 節）。

②イエスの怒り

もっとも彼の中には、元来の批判性も常に動いていた。小さき者らの「人間の尊厳」を権力で踏みにじることへの預言者的な憤怒と言っていい。ヘロデ・アンティパスへの反抗に、次のようなものがある。

幾人かのファリサイ人（びと）が近寄って来て、彼に言った、「出て、ここから去ってお行きなさい。ヘロデがあなたを殺そうと思っているからだ」。すると彼は彼らに言った、「行って、あの狐に言うがよい、「見よ、私は今日も明日も、悪霊どもを追い出し、癒しを行い［続ける］……」と」（ルカ13章31-32節）。

あるいは富裕者の批判（ルカ6章20-21節並行、マルコ10章25説、ルカ16章13説並行など）や宗教的指導者層への批判（ルカ11章39説以下並行）などもこの線上にある。

お前ら〔……〕は禍だ。お前らは、人々に担い切れないほどの荷を負わせるが、お前ら自身はお前らの指一本でもそれらの荷に触れようとはしないのだ（ルカ11章46節並行）。

しかし特徴的なのは、そうした批判に際して、真正の彼の言葉にはいわゆる「呪い」の要素がほとんどないことである。批判に出会って方向を変えてくれれば、門はいつも開かれたままなのである。その意味では、イエスは敵対者たちの「人間の尊厳」をも否定してはいないと言えよう。

③明日焼かれる野の草花も

この「人間の尊厳」――「神の子ら」性――は徹底的に護られおり、一見滅んだように見えても、決して滅んではいない。このことをイエスは、大自然の存在に範をとって説く。

〔……〕野の草花がどのように育つか、よく見つめよ。労することをせず、紡ぐこともしない。しかし私はあなたたちに言う、栄華の極みのソロモンですら、これらの［草花の］一つほどにも装ってはいなかった。もし、今日生えていても明日は炉に投げ込まれる野の草を［すら］、神はこのように着飾って下さるのであれば、ましてあなたたちをなおいっそう［着飾って下さらない］はずがあろうか、信［頼］の薄い者らよ（マタイ6

④最後の上京

　そして、おそらく公活動を始めて二年にも満たない春、彼は過越祭の折に意を決してエルサレムに上る。それは、下層民衆の「尊厳」を否むエルサレムの神殿体制に対して、最後の回心を要求するためだったのであろう（マルコ11章15節以下）。これには民衆も一定程度同行して来た。しかし、いざイエスが逮捕されるとなると、結局は弟子たちも含め、全員が離反してしまう。

　すると全員が、彼を見捨てて逃げて行った（マルコ14章50節）。

　そしてイエス自身が、彼自身の「人間の尊厳」を全て剥奪されて、杭殺柱に掛けられて殺されるという皮肉な結末に終わる[14]。杭殺刑とは、見せしめのために、長時間掛けて受刑者をなぶりごろしにする方法で、当時においてすら、受刑者に名誉──「尊厳」（dignitas）──の一かけらも残さない刑法として悪名高かった。いわば最も「人でなし」の処刑を蒙ったのである。「神の王国」の到来はまだない。民衆の「人間の尊厳」の確保もなされてはいない。その激しい「挫折」の淵が開く中に、イエスは呑まれて行ったのである。

2　人間の深淵としてのイエス

　確かに、彼のこの滅び自体が「深淵」と言うべきである。しかしイエスには、すでに杭架で殺される以前に彼自身の深淵を持っていた。
　そもそも、人間とは本質的に「深淵」そのものに他ならない。深淵のな

14）普通は「十字架」と邦語では言うが、言語の stauros は「杭」の意味。実際は圧倒的に多くが杭を立て木と横木でＴの字型に組み合わせた形をしていたと思われる。この杭による高架に人をくくりつけておくと、人は衰弱と呼吸困難のために、数時間から2-3日かけて悶え死んでいく。

い人間などいないと言える。人間とは誰でも不可解な世界から生を受けて生まれ、長ずるに応じて多大な矛盾を抱え、はなはだ不完全でありつつも、同時に不断に変貌し、飛躍する存在である。それが生きていることの証しでもある。生きるということは、深淵を渡ることと同義である。

人間とは、深淵に渡された一本の綱である[15]。

ではイエスは、この「深淵」をどのように渡ったのか。

(1) イエスの「負い目」

そもそもイエスには、その強く晴れやかな面と同時に、深い「負い目」の意識が存在していたと思われる。

①民衆への負い目

一つは、既に若い頃より、没落民衆の生活蹂躙を目の当たりにせねばならなかった負い目であろう。なぜならば、彼自身は大工として生活を立てることが出来たが、生存の限界線でかげろうのように生きている没落民衆を数限りなく目にし、何も出来ずに立ち去るという無力感を幾度となく経験したに違いないからである。

幸いだ、乞食たち、神の王国はそのあなたたちのものだから（ルカ6章20節並行）。

この「幸い」の宣言は、そうした現実に対して、今可能になった（と彼が見た）新しいリアリティを反定立させたものであろう。

②家族に対するコンプレックス

もう一つ、彼が家族に対して持っていたであろう密かな負い目をあげて

---

15) F・ニーチェ『ツァラトゥストラ』序説4。

おこう。いくら自分の問題を解決するためとはいえ、これまで自分が支えてきた家族をある日突然棄てて顧みなかったのである。これに対して何ら痛みを感じないのであれば、それこそ非人間的というべきであろう。母や弟たちが彼を「取り押さえ」に来たときの彼の怒りにも似た拒絶の態度（マルコ3章31-34節）。

　私の母、兄弟たちとはいったい誰か（マルコ3章33節）。

　この激しさは、むしろこの負い目意識に逆に由来すると見るのが正しい。彼自身が、家族に対する自らのコンプレックスをどのように扱ったらよいか、分からなかったのであろう。これを、家族エゴイズムの自己癒着性を批判した云々ととるのは、クリスチャン意識によるひいきの引き倒しではないだろうか。

③「人間の尊厳」を犯す自己自身
　さらにイエスには、極めて鋭敏な「罪性」意識があったと思われる。彼は元来、自己批判の大変鋭い人だったのであろう。例えば有名な句に次のようなものがある。

　「あなたは殺すことはない。殺す者はさばきに定められる」と古（いにしえ）の人々に言われたことは、あなたたちも聞いたことである。しかし、この私はあなたたちに言う、誰でも自分の兄弟に対して怒る者は、さばきに定められるであろう（マタイ5章21-22節）。

　これは、いかに彼が自分の内奥に潜む「殺意」とその行く先を意識していたか、その証左だと言える。「誰でも」と言われているが、その筆頭に彼自身がいたはずである。人々の「神の子ら」性の回復ために戦いながらも、その尊厳を傷つける毒素が自分自身の中にこそ潜んでいるという認識である。

外から人間の中に入って来て彼を穢すことのできるものは何もない。むしろその人間から出て行く［もろもろの］ものが、その人間を穢すのだ（マルコ7章15節）。

同じように鋭い自己観察と反省から生まれた言葉は、他にも少なくない（マタイ7章3-5節並行、マタイ5章27-28節、マタイ6章12節並行など）。
　しかしながら、彼はあのヨハネ惨死の日の衝撃を契機に、飛躍したと思われる。その飛躍の内実の一部に、自ら罪性に沈む自己の存在が実は「神の王国」によって無限に赦され、生かされるものとして把握された事実があったであろう。いわば、罪性の深淵が、それよりも底の知れない赦しの深淵によって呑み尽くされるに等しい。

人の子らには、すべての罪も、［神を］冒涜するもろもろの冒涜も赦されるだろう（マルコ3章28a節）。[16]

この赦しのエネルギーの源泉を彼は「父」（ἀββά）と呼んだ。ここに彼のオプティミズムの泉があったと言うべきである。

(2) 預言者的熱狂

このオプティミズムは、預言者的熱狂と裏腹の関係にある。そこにその危うさもある。これを一般には、「メシア」としての彼の崇高な意識として崇めてしまうために、その深淵が見えなくなる。彼は確かに、「神の王国」の完成が近接しているというヴィジョンを持っていた。しかしそれは、結局は幻であった。「世の終わり」は彼以降二千年経ってもまだ来ていない。そうした時間把握の誤謬に加え、預言者的に高揚しきった自己意識が語った言葉も、覚めたリアリズムで見れば多大な自己誇大化を秘めているのが分かるであろう。

---

16) この句の後半は恐らく後代の付加である。

私と共にいない者は、私に敵対する者である。
また、私と共に集めない者は、散らす者である（マタイ 12 章 30 節並行）。

この様な言葉を、イエスに従うために私たちが真似るとすれば、それこそ狂気のそしりを免れないであろう。イエスにも、こうした自己の肥大化の深淵が覗いていることも忘れてはならない。

（3）イエスの突破

イエスはしかし、こうした自分の矛盾の淵をすべて担って、あのゲッセマネの園に至ったのであろう。それまでのように崇高にして明析、かつ預言者的自信に溢れるイエスなら、なぜここであれほど苦しむのか。普通の神学や教会の教えでは、この彼の苦しみも、他の人間の「贖罪」を成し遂げるための「代苦」であるととらえるものである。だからこそ先に挙げたパスカルなどは、ここに「イエスの秘義」の最奥を見る。しかしイエスがここで苦しんだのは、孤独な惨死への恐怖と、彼が敵対者たちに感じていた怒りと痛みとの葛藤であるとした方が、遙かにわかりやすく、そしてリアルではないだろうか。

そしておそらくイエスは、この深淵を突破したのである。というより、もう一つ別次元の淵を開いてその中へ消えていった、という方がいいかも知れない。ここに彼の第二の飛躍がある。すなわち、彼は、惨死の恐怖を脱落させ、また敵対者や裏切り者への悲しい怒りを脱落させて、もう一つ異次元の深淵へと移行したのではないかと思う。ゲッセマネの場面の終わりに、次の言葉がある。

時は来た。立て、行こう（マルコ 14 章 41-42 節）。

その結果が、逮捕から始まる彼のあの異様な沈黙である[17]。それはゴルゴタの絶叫死に至るまで続くのであるが、この沈黙の不気味な静けさの中に

---

17) ヨハネ福音書では、イエスは逮捕された後も数多く語るが、これらは歴史のイエスからはほど遠い。

こそ、全く異なった、底なしの「人間の尊厳」が立ち現れているのではないか。福音書記者マルコは、それこそがゴルゴタでの処刑班長であった百人隊長の心を撃ったと見る。

　イエスは、大声を放って息絶えた。すると神殿の幕が上から下まで、真っ二つに裂けた。また、彼に向かい合って立っていた百人隊長は、彼がこのようにして息絶えたのを見て言った、
　「ほんとうに、この人間こそ、神の子だった」（マルコ15章37-39節）。

　ここでは、「深淵」のテーマと「人間の尊厳」のテーマが、その究極で合焦し合っている観がある。「人間の尊厳」が剥奪され切った果ての「深淵」において、異次元の「人間の尊厳」が逆さ映しになり、新たな無限の「深淵」が一切を包摂する、とでも言えるであろうか。イエスをこのように見るためには、彼を「先在のキリスト」と見たり、「贖罪する神の子」と見たりする既存の神学的フィルターを一度取り去って、その赤裸々な人間性のドラマに接近する必要があると思われる。

おわりに

　イエスは、ガリラヤの人々の「人間の尊厳」が踏みにじられているという痛みが基にあって、ある覚醒をもとに宣教活動を開始した。また同時に、自分の中の、そして他者の中の「深淵」を見据えつつも、それを乗り越えるリアリティにしたがって活動した。しかし最後には、ガリラヤ人らの「人間の尊厳」を回復することも出来ず、みずからの「尊厳」をも抹消されるという新たな「深淵」が開く中、杭殺柱で殺されて行った。
　ただし、その過程で、彼は自己の恐怖と怒りを脱落させ、不気味な静寂を残すことによって、一層の「深淵」を呼び寄せつつ死んでいった。彼の物語に触れる者は、この底のない「深淵」の中にこそ、不思議にも言葉を超えた「人間の尊厳」が響いているのを感じないではいられない。ギリシャ悲劇作家ソフォクレスの言葉は、イエスの最期においても十全に妥当する

のである。

　おそろしきもの数ある中に
　人間ほどおそろしきものはない。[18]

【参考文献】

イエス関連

荒井献『イエスとその時代』岩波新書、1974 年（第 12 版 1983 年）。
荒井献『イエス・キリスト　上・下』講談社学術文庫、2001 年（初版 1979 年）。
安炳茂『民衆神学を語る』新教出版社、1992 年。
大貫隆・佐藤研編『イエス研究史――古代から現代まで』日本基督教団出版局、1998 年。
大貫隆『イエスという経験』岩波書店、2003 年。
J・D・クロッサン著、太田修司訳『イエス――あるユダヤ人貧農の革命的生涯』新教出版社、1998 年（原著 1994 年）。
佐藤研『悲劇と福音』（人と思想 160）清水書院、2006 年（初版 2001 年）。
A・シュヴァイツァー著、遠藤彰・森田雄三郎訳『イエス伝研究史　上、中、下』（シュヴァイツァー著作集　17-19 巻）白水社、1960-61 年（原著初版 1906 年）。
田川建三『イエスという男　増補改訂版』作品社、2004 年（初版は三一書房、1980 年）。
E・トロクメ著、小林恵一・尾崎正明訳『ナザレのイエス――生涯の諸証言から』ヨルダン社、1975 年。
R・ブルトマン著、川端純四郎・八木誠一訳『イエス』未来社、1963 年（第 7 版 1972 年、原著初版 1926 年）。
E・ルナン著、忽那錦吾・上村くにこ訳『イエスの生涯』人文書院、2000 年（原著初版 1863 年）。

イエスの時代史関連

佐藤研『聖書時代史・新約篇』岩波現代文庫、2003 年。
S・サフライ／M・シュテルン（編）、長窪専三・川島貞雄・池田裕・土戸清・関根正雄訳『総

---

18)『アンティゴネ』332-333 行。

説・ユダヤ人の歴史——キリスト教成立時代のユダヤ的生活の諸相　上・中・下』新地書房、1990年以降（原著1974年以降）。
山口雅弘『イエス誕生の夜明け——ガリラヤの歴史と人々』日本基督教団出版局、2002年。
E・ローゼ著、加山宏路・加山久夫訳『新約聖書の周辺世界』日本基督教団出版局、1976年（原著初版1971年）。

第3章　社会の深淵に沈む「人間」への眼差し
　　　——カイサレアのバシレイオスとニュッサのグレゴリオスの救貧説教

土井健司

はじめに

　デパートで買い物をしたあと階下に降りようとエスカレーターに乗ると、少し下ったところで、さきほどまで買い物を楽しんでいた階の床のあたりに目線が合った。見ると、その白い床のうえを黒アリが一匹うごいていた。まさかデパートの床のうえでアリを見つけるとは思わなかったので戸惑ったが、果たしてこのさまよえるアリは、無事に巣に戻ることができるのか。いささか心配になった。大きく広いデパートにおける一匹の小さなアリの存在は、買い物に余念のない人々にとり、白く輝く華やかな照明の中で無きにひとしい。何かをさがすように動くさまを見て、なんだか可哀そうに思えた。しかし、このアリはわれわれ自身の姿かもしれない。われわれが生きる社会も、このデパートのように、われわれ一人ひとりの存在を飲みこんでしまう輝ける深淵のように思うからである。社会というこの深淵の中で、われわれは一人でどこをさまよっているのか。そして、さまよえるわれわれを見守ってくれる者はどこかにいるのだろうか。

　本章では、社会という深淵の中で忘却された貧者の救済を願って声を挙げたカッパドキア教父のうち、カイサリアのバシレイオス（ca.330-378/9）とその弟ニュッサのグレゴリオス（ca330-394）の救貧説教それぞれ一つを取り上げたい。バシレイオスとグレゴリオスは、ともに社会の中で忘却される貧者に注意を向けてその声に耳を傾け、その姿を描き、貧者の中に「人間」としての輝きを認めたのであった。

1 バシレイオスとグレゴリオスの生涯

　バシレイオスとグレゴリオスの家はカッパドキアにあって、三つの州の総督に税を納めていたほど各地に領地をもつ大地主であったという。十人の兄弟姉妹のうちバシレイオスが長男、グレゴリオスは三男である。バシレイオスは痩身であるが不屈の信念をもった実践の人であり、他方グレゴリオスは少し優しい性格をもった思索家であった。

　バシレイオスは330年頃に生まれ、故郷のカイサリアなどで勉強した後、350年にアテネに留学して修辞学の勉強を大成させた。355年頃にカイサリアで修辞学の教師をしていたが、姉マクリナの勧めに従い、このころ広がりつつあった修道生活をはじめる。またエジプト、パレスティナなどの修道生活を見聞してまわった。362年にカイサリアの司教エウセビオスから司祭に叙階される。バシレイオスはニカイア派の立場に与し、この間『エウノミオス駁論』を執筆した。また368年にカッパドキア地方を襲った旱魃による飢饉にさいして顕著な働きをし、その様子は本章で考察する説教においてみることができる。また『修道士大規定』などの修道的著作も執筆した。370年にエウセビオスの後任としてカイサリアの司教に叙階される。その後に病院「バシレイアス」を建立する。[1] 374年から一年ほど病に臥せるが、復帰し、再びニカイア派の確立に奮闘し、また『聖霊論』を著す。378年秋あるいは379年1月1日に亡くなったという。

　ニュッサのグレゴリオスは、335年頃に生まれたが、バシレイオスのような教育を受けてはいない。むしろ彼の先生はバシレイオスであった。しかし著作の数ははるかに多く、文学的才能、思索力において兄バシレイオスをしのいでいる。結婚して修辞学の教師をしていたところ、371年にバシレイオスからニュッサの司教に叙階される。一時期アレイオス派によって追放された経験もある。兄の死後、381年のコンスタンティノポリス公

---

1) 病院の起源が四世紀のキリスト教の施設に遡ることは通説と言えるが、例えば次の論考を参照。Th. ミラー「病院の歴史（中世およびルネサンス）」『生命倫理百科事典』第四巻、2546頁。

会議では、ナジアンゾスのグレゴリオスと並んで活躍し、聖霊論を含めて現在のニカイア・コンスタンティノポリス信条の確立に寄与したという。数多くの書簡や講話の他に『エウノミオス駁論』といった教理的著作、『モーセの生涯』『雅歌講話』『伝道の書講話』『至福論』など釈義的著作、『純潔論』などの修道的著作などが残る。394年に亡くなったようである。

2　貧者の描写——社会の深淵に沈む貧者

バシレイオスとグレゴリオスの救貧説教を考察する前に、人間への眼差しについて興味深い点をひとつ指摘しておきたい。

バシレイオスとグレゴリオスの説教を読むと、そこには決まって「貧者」というものの姿が描かれている。なぜ貧者の悲惨な姿を描写したのだろうか。例えばバシレイオスの友人ナジアンゾスのグレゴリオスは、レプラの貧者について「われわれの目には、もはや恐るべき悲惨な光景はなく、死以前に死んでいた人びと、四肢のほとんどが麻痺してしまった人びと、町や家から、広場や泉から、最愛の人からさえも追放され、体つきあるいはその病名によって認知される。〔……〕病気のゆえに憐れまれるどころか、憎まれている。またもし声が残っているなら、憐れみの歌の達人である」と述べつつも、続いて「いや何故わたしは、言葉はその苦しみにふさわしくないのに、われわれの言葉すべてを悲劇的に装うのだろうか」とのべて描写したことを反省する。これはバシレイオスが亡くなった後、彼を讃えて著わした講話の一節である（『バシレイオス頌』63章：PG36,580A-B）。ところが、バシレイオスもニュッサのグレゴリオスもいっそう詳細に貧者を描写する。以下代表的な箇所を二つ引用してみよう。

　（a）飢えた者の病気、つまり飢餓は悲惨な苦しみである。飢餓は人間の不幸の頂点であり、あらゆる死よりも悲惨な最期である。というのも他の危険においては、例えば剣先は直ちに最期をもたらし、火の攻撃はすぐに命を消してしまい、野獣は牙で肢体の重要な部分を引き裂くが、苦痛が引き伸ばされ苦しむままにしておかない。しかし飢餓はその害悪を緩慢なものとし、苦痛を長引かせ、その病気を居座らせて潜ませて、常に死を現

存させるが遅らせる。なぜなら本来湿っていたもの［＝皮膚］を乾かし、体温を下げ、体重を減少させ、筋力を徐々に奪っていくからだ。蜘蛛の巣のように肉体が骨に覆われている。肉体の表面に輝きはない。なぜなら血液が融解して赤色が消え去り、また痩身のため外見が黒ずみ、白さもなく、身体はその病気のため憐れにも生きたままで青白さと黒ずみが混ざり合わさって、両膝は立たず、意に反して引っ張られているからだ。声はか細く弱々しい。両目はくぼんで力がなく、丁度果物がその外皮の中で生きているように、その入れ物の中で虚しく保存されているばかりとなっている。腹は空っぽで落ち込んでいて、元の形になく、嵩がなく、腸本来の張りもなく、肋骨にあわせて形作られている。この身体を無視する者はどれほどの罰に値するだろうか。余りにも残虐に過ぎているのではないか。（バシレイオス「飢饉と旱魃の時期に語られた説教」；PG31, 321B-C）[2]

　（b）例えば、悪い病気のため四足の状態になった人は、ひづめやかぎ爪の代わりに両の手のひらに木をあてがい、人間の路上に新しい足跡を加えます。しかし一体、誰がこの足跡から、人が歩行によってこのような足跡を残したと理解するのでしょうら。直立の形姿をした人間は天を仰ぎ、自然本性によってさまざまな仕事に役立つようにと手を有するのですが、この人は地面へと傾き、四足となり、動物存在とほとんど同じです。また掠れ声で喉を痛めた人が唄うと、暴力的にはらわたから唸り声が響き、むしろ、敢えて言えば、動物よりも哀れとなっています。なぜなら、動物は生まれつきの性質をいつまでも保持し、どの動物も何か不幸によって別種の性質に移行することはないからです。しかしこの人は、本性が変わってしまったかのように、何か別者に見え、馴れ親しんだ生き物ではなくなっています。両の手が両足の用を足し、両膝が脚となっている。本来の脚は、金槌のようにまったく不動になっているか、あるいは引き船のように適当に用意されて歩調を合わせて後を追うようになっています。だからあなたは、この者たちの中に人間を認めないで、その同族性に対して敬意を払わ

---

2) バシレイオスとグレゴリオスの引用については、原典の箇所が分かるように指示する。PG は「ミーニュ教父著作集」、GNO はライデン社刊の「ニュッサのグレゴリオス著作集」のこと。

ないというのでしょうか。(ニュッサのグレゴリオス「『これらの一人にしたことは私にしたこと』について」; GNO IX, p114f.)

　以上二つの引用では、詳細に貧者の姿が描かれている。またニュッサのグレゴリオスの説教「『これらの一人にしたことは私にしたこと』について」のなかには、同様のテクストが他に何箇所も見出すことができる。そこには、敢えて「見せる」という意図があったようである。

　写真家土門拳の『筑豊のこどもたち』など、現代社会における写真・映像というものは社会の中の見えない部分を生き生きと見せてくれる。報道写真、戦争や内乱の写真、また社会を写したものは、普段われわれが目にできない現実、目にしようとしない現実に注意を向け、目の当たりにさせようとする。しかし写真のない時代、それはもっぱら言語に託された務めであった。バシレイオスもグレゴリオスも詳細に語り描くことで、貧者たちの姿を見るよう促しているのである。事実バシレイオスは別の説教の中で「どうすれば貧者の苦を私はあなたに見せることができるのか」と述べている（第6講話 PG31, 268C）。それは、普段こうした貧者を誰もが実は「見ている」はずなのに「見ていない」からである。「よきサマリア人」の譬え（ルカ10章25-31節）に見られるように「見て通り過ぎる」、ある種自動的、構造的に「見ない」という現実があるからである。バシレイオスとグレゴリオスは、人間というものが社会の深淵のうちに沈み省みられることのない現実にむかって声を挙げたと言えよう。

3　バシレイオスの救貧説教「旱魃と飢饉のときに語られた説教」

(1) 説教「旱魃と飢饉」（369年）の概要

　この説教は368年からカッパドキアを襲った旱魃と飢饉のときに語られ

3）　この説教の邦訳としては、拙稿「バシレイオス 説教：旱魃と飢饉のときに語られた説教」（『神学研究』第57号、67-81頁）を参照。なおこの説教は、以下では「旱魃と飢饉」と略記する。

たものである。冒頭アモス書3章8節が引用されてはじまる。アモスが選ばれたのは「その昔民衆が祖先の信仰を捨て、律法の厳格さを踏みにじり、偶像礼拝へ傾いたとき、悔い改めを告知する者となった」(305A) からだという。こうしてバシレイオスは「柔軟に勧告を受け入れるように」(305B) と語る。

第2節では旱魃の有り様が語られる。

兄弟たちよ、われわれは天を見上げる。[われわれを] 覆う、剥きだしの雲ひとつない天、それがこの快晴を憎憎しいものとし、この晴朗さのため [われわれを] 嘆き悲しませている。多くの雲に覆われて、われわれをどんよりとさせて太陽なきものとしたときには、この晴朗さこそわれわれはひどく求めていたものであったのに、である。大地は干上がってしまい、見るに耐え難く、農業には不毛で何も産せず、ひび割れてしまい、その割れたところで照り輝く太陽光を受けている。豊かでなみなみと流れていた泉はわれわれを乾かし、大きな河の流れも尽きている。ちっちゃな子どもがそこを歩き、女たちは荷物を運んでいく。飲み水もわれわれ大勢を干上がらせ、生きていくのが困難となっている。(305B-C)

さらにバシレイオス自身がこの有り様を見て、「私は穀物畑を見た。しかし何も育っておらず、深く悲しみ泣いた。そして私は悲しみの歌を注いだのだが、それは雨がわれわれに注がれないからだ」と続ける。続いて農夫の姿が描かれる。

農夫は畑に座り込み、両膝の下で手を組む（これが悲しみの姿である）。そして自分たちの空しい労苦を悲しみ、幼子を見てため息をつく。妻をじっと見つめて泣き叫び、干上がった家畜の牧草地に手で触れて感じ、花盛りの子供を亡くした父親のように、声を上げて号泣する。(308A-B)

第2節後半では再びアモスが取り上げられ、「ここから、われわれは次

のことを学ぼう。神はわれわれに背反と怠惰の故にこうした一撃を送っておられるのであって、決して滅亡を求めておられるのではない。更生を熱望なさっている」(308C)と述べられる。これは人間の悪行と自然の荒廃とが直結すると考える世界観を述べているが、バシレイオスは徹底してこの立場から語る。また自然の荒廃、無秩序は神が季節の手配を忘却したからではなく、権能がなくなったからでもなく、さらに神が「ミサンスロピア」になってしまったからでもない。旱魃は神に責任があるのではなく、われわれの罪科に原因がある。われわれが困窮者を憐れまなかったことが原因であると言う。

　倉庫は豊かに蓄えられたもので閉じられていて、われわれは困窮者を憐れむことがない。このために義の裁きがわれわれを脅しているのだ。このために神もまた手を広げることをしないのだ。われわれが兄弟愛を締め出したからである。このため畑は干上がってしまったのだ。愛が干上がったからだ。(309B)

　第3節は、祈りの様が語られ批判される。当時のカッパドキアの教会の様子を知る上で興味深い記述であるが、教会に来る少数の信者でも大人は不真面目で、子どもは学校をさぼる口実にしている。続いてヨナ書3章におけるニネヴェの人々の悔悛の様子が脚色した仕方で描かれ、嘆き悲しみ悔悛することが勧められる。
　第4節では、不正な行いを止めるよう勧告される。不正として挙げられるのが、まず高利であり、「苛酷な利息の同意書を流してしまえ」(313B)と語られる。本来産出するはずのない物質（金・銀）が利息を産み出すから、本来産み出すはずの自然が作物を産出しなくなっていると修辞的に言われる。さらに穀物を倉庫に貯めてはならないという。倉庫に貯められているのは食糧としてではなく、売買のためのものであるからである。この旱魃と飢饉は、もっている者が与えなかったために生じ、少数の人のために全体が不幸を味わっていると指弾される。
　第5節では、冒頭で自分たちの生き様を省みようと言われる。この災難

について「まずわれわれ自身の災難は何と言っても第一には罪過によるものと考えよう」(316B) と言う。そしてこの災難を「高貴なヨブ」のように忍耐をもって受け止めるよう勧められる。災難が生じるとすぐに神を冒涜しはじめる者がいるが、そのような真似をしてはならない。そして万物の統治者である神には力があるので、むしろ今すぐに滅亡が生じないだけ善いと考えるべきだと述べる。そこで神に対して希望をもつようにと勧められる。またここでは早魃という害悪は試練として解釈される。

第6節では、前節に続いて必ず食べさせてもらえるのだから、どれほど残存する食料が乏しくとも、与えるようにと勧められる。「あなたは貧しいのか。しかしあなたには、はるかに貧しい他者がいるのだ。あなたには十日間の穀物があるが、彼には一日分しかない」と述べて、もっているものを分け与えるようにと言う。必ず神が与えてくださると語って、シドンの寡婦のように（列王記下17章12節)、神へと信頼するように言う。

第7節では冒頭飢えた者の姿が描かれていて印象的である。飢餓を病気として捉えることはわれわれの感覚からすると奇妙であろうが、最も悲惨な死病であるとバシレイオスは述べる。そしてこの人びとを無視し、その側を通り過ぎることが罪であると力を込めて訴えられる。そして最後の審判へと言及され、与えた者こそ最初に呼び出されると言う。躊躇せず決断し、与えるように言う。この節の最後では、アダムの犯した原初の罪が食からはじまったので、食を与えることでこの罪を消し去るように語られる。

第8節では、動物との比較から人間である以上、せめて動物並みに分け合えるようにと言う。そして兄弟愛の事例としてヨセフの物語を引いて、ヨセフのように与え、神に信頼するように述べる。またこの世の快適さだけに偏るのではなく、せめて半分を天国のために使うこと、そして最後の審判のとき花婿であるキリストに嫌われないように、徳に励むよう勧められる。

最後の第9節は説教のむすびであり、最後の審判や地獄の話は真実であると念を押し、復活においては良心にしたがって人生が裁かれることが強調され、説教が閉じられる。

(2) この説教に見られるバシレイオスの救貧思想

　この説教に見られるバシレイオスの思想は何か。基本的に旱魃と飢饉について、これは人間の悪行から生じたのであって、人間の倫理的荒廃がこの災害を招いていると考えられている。ここから展開されることは、第一に少数の悪人のため多数の人が害悪を被っているということである。そしてその少数の人は未だ悔い改めを行わない。本来嘆き悔悛すべき人が平然と生活をし、嘆く必要のない者（赤ん坊、特に農夫など）が災害のために嘆いている。では嘆くべき人は、なぜ嘆かないといけないのか。その悪行とは何か。

　第二に、神がこの害悪の原因なのではないということである。神が悪の原因ではないということは、二箇所で集中して論じられている。第2節後半（309A）と万物の統治者としての神を語る第5節の半ば（316C-317B）であった。旱魃と飢饉に際して神を冒涜する人びとが大勢いたようである。バシレイオスは敢えて「理性をもっているのだから探求しよう」（309A）と述べ、万物の創造者であり善なる神とは、誰であるのかを冷静に考えるよう促している。

　したがってこの災害は神に責任があるのではなく、われわれの罪の結果であるという。しかし神はわれわれの滅亡を望んでの災害をもたらしているではない。罪の結果としての罰であるが、それはわれわれの更正を望んでいるからだという。その意味でもこの説教では終末論は控えめに語られる。もちろん説教の最後の部分において登場するが、それ以外では言及されないのはこの説教の特徴であろう。そして災害の意味としてもう一つ提示されるのが、試練（πεῖρα）という思想である。旱魃と飢饉はわれわれの真実を証する試練であるという。災害について罰と試練という二つの解釈が展開されていた。罰については何度も繰り返し語られるが、試練という思想は第5節で集中的に語られている。

　では、そもそもわれわれの悪行とは何か。それは第一に困窮者に与えなかったこと、第二には困窮する人びとを見過ごしたことである。困窮者に与えないことについては何度も論じられるが、次のような行もある。

われわれは受け取るが、他者には供給しない。われわれは恵与を勧めるが、困窮者からそれを奪っている。奴隷であったところを解放してもらったのに、同じ奴隷仲間を（309B）憐れむことがない。空腹のわれわれは養ってもらっていても、困窮者のそばを通り過ぎていく。欠けることのない支払い者にして配財者として神をもっているのに、われわれは物惜しみするようになって貧乏人と協同することをしない。またわれわれの羊たちは多産だが、裸者は羊よりも多くいる。倉庫は豊かに蓄えられたもので閉じられていて、われわれは困窮者を憐れむことがない。（309A-B）

しかしバシレイオスの説教では与えないことが、さらに「無視する」「通り過ぎる」（παρατρέξω）こととして解されている。上の引用に「困窮者のそばを通り過ぎていく」とあったが、さらに本章2節で引用した飢えた者の姿を描写した後、続いてバシレイオスは次のように述べていた。

この身体を無視する者は（παρατρέξων）どれほどの罰に値するだろうか。余りにも残虐に過ぎているのではないか。野獣の残虐さにも匹敵するものに数え入れられるのではないか。呪われた人殺しと見られるのではないか。害悪を癒す力があるのに、貪欲へと好んで向かって行く者は殺害者と同様に断罪されても道理に適っているだろう。（321C-D）

あるいは第4節には次のような行も見られる。

持てる者が与えなかったからだ。飢えている者たちのそばを通り過ぎてきたからだ（παρέτρεχες）。嘆く人々に振り返らなかったからだ（οὐκ ἐπεστρέφου）。拝んでいる者たちを憐れまなかったからだ。（316A）

無視すること、通り過ぎることは困窮者に対して眼差しをもたないことを意味するが、この点を考慮すると、この説教の中でバシレイオスが困窮

者の姿を語る理由も明白になる。すでに論じたように、人々が見過ごしている者たちを「見せる」ことがこの説教の強調点の一つなのである。われわれはこの人びとを「見過ごし」てはならない。飢餓者の姿を詳細に語った理由と見なされよう。その意味で貧者の身体は「見られるべき対象」として語られ、見るべきものを見ないという怠惰が罪とされている。

では、見過ごすことなく関わっていくことについてどのように語られているのか。ここでバシレイオスは「兄弟愛」（フィラデルフィア／フィラデルフォス）を強調して使っている。バシレイオスはあくまでも同胞兄弟として貧者を捉えていたと言える。以上について、箇条書きにまとめてみよう。

＊旱魃と飢饉という自然災害は人間の倫理的荒廃の結果である。
＊少数者の悪業によって全体が苦しんでいる。
＊神はこの害悪の責任を負うべきものではない。
＊災害を引き起こした人間の罪過は、困窮者を無視し、与えないことである。
＊困窮者に眼差しを向けて、その欠を補うよう努めねばならない。
＊そのような行為は兄弟愛（フィラデルフィア）である。

4　グレゴリオスの説教「『これらの一人にしたことは私にしたこと』について」[5]

(1) 説教「これらの一人」（384年）の概要

この説教の主題は、主として今日でいうハンセン病患者、当時の言葉で「レプラ」と呼ばれた病気の貧者の救済である。レプラの貧者についてバシレイオスは病院「バシレイアス」を建設し、この人びとへのケアを行っており、このグレゴリオスの説教の背景には「バシレイアス」の存在

---

4)　テクストの箇所を挙げると、309B; 316B [κοινώνικος と共に] ; 325B;325C となる。
5)　この説教の邦訳としては、拙著『司教と貧者 ニュッサのグレゴリオスの説教を読む』（新教出版社、2007年）を参照。なおこの説教は、以下では「これらの一人」と略記する。

がある。また説教に先立って読まれた聖書は、マタイ福音書25章31節から46節である。この聖句に語られている終末時の恐るべき光景を確認することから説教ははじまっている。第2節で「いのちの道」として「本性を共同する者から疎遠にならない」ことを述べる。ここで言われる「本性を共同する者（οἱ κοινωνοῦνες τῆς φύσεως）」とはレプラを患う貧者のことであるが、この人々が同じ人間であることが主張される。全体では「同族者（ὁμόφυλος）」「同郷者（ὁμογένης）」など類似概念も用いられる。同様に、われわれは「人間として人間たちのことを考えているのであって、この[人間という本性とは]別に独自のものを持っているのではない」（115, 22-23）と述べて、同じ人間であることが確認される。

第3節では、貧しき病者と関わるよう勧められる。レプラの貧者の姿形が語られ、その異形さが述べられるが、そこでグレゴリオスは受肉論を使ってこの人々に関わるべきことを説く。受肉とは神が人間になったことであるが、至高の神が人間にまで自らを貶めたこと強調し、貧者を避ける者を戒める。

天使の主ご自身、この天の至福の王が、自ら人間となってくださり、この悪臭のする汚れた身体を、その中に結びつけられた魂とともに自ら取り囲まれたのですが、それは自ら触れることであなたの病気が癒されるためでした。しかしあなたと言えば、本性において患者の部類に入るのに、同郷の者を避けているのです」（115, 15-20）。

さらにこの人間本性の共同性からイデア論的な思想をもとに貧者を避けることが咎められる。「本性全体に反して際限なく拒絶してはなりません。あなた自身も、万人同様この本性に与っているからです」（115, 25-28）。

第4節では貧しき病者の姿が描かれるところからはじまる。こうして「一体どうして、目にする者たちへの同情の念があなたの内に生じないのか」と述べて、救貧を意図してレプラの貧者の有り様が物語られる。その酷く悲惨な姿を描いた上で、再びこの人々が「人間」であることが強調される。「[この人々の中に存在する者]は「人間」、神の像にしたがって生じた者、

地を支配するよう命じられた者、動物たちの奉仕を受ける者です」(116, 9-11)と言われる。さらに続けてこの人々が群れて互いに支え合って生き、また自らの不幸を人々に物語って憐れみを乞う様が描かれる。この過程でグレゴリオスは語る。「私は、しばしばこの悲しい光景に涙し、しばしばこの人に向けてこらえきれなくなりました。そして今このことを思い出すと私は心が乱れます。私は憐れむべき苦難を見ました。私は号泣しながらこの光景を見ました」(117,22-25)。

　続く第5節では、言葉でなく、行為が必要であると訴えられ、同じ人間を見過ごすことのないように求められる。さらに第6節は、この人々の病状は何であり、私どもは何をなすべきかを語る。この病気について「体液が腐敗し、黒胆汁が体液に注がれることで腐敗を引き起こす分泌液が血液中に撒き散らされる」と述べられるが、こうした身体的症状の記述によって病気に対する倫理的な視点からの断罪が拒否される。

　第7節では「憐れみ深い者は幸いである」ことに言及され、さらに続けてこの人々への救済が訴えられる。ここで注目すべきは「友愛」「友情」(φιλία) に言及されていることであろう。

　　またその人びととの友情を見下してはなりません。その手は切断されていても、共闘できないほど弱くはありません。その脚に傷を負っていても、神に向かって走る妨げにはなりません。その目が引き抜かれていても、魂を通して見えざる財を見ています。それだから身体の壊れた姿を心に留めてはなりません。(GNO IX, p122)

　さらに来世の報いに言及しつつ、マタイ福音書5章7節の「憐れみ深い人々は幸いである」が引用される。当時流布していた感染への恐れが否定され、この貧者へのケアが勧められる。

　第8節では病者を敬遠する者に対する戒めが語られる。感染がないことも経験則から論じられる。そして第9節では、この戒めの実行は苦しいことが述べられる。さらにこの行為が辛く、苦しいものであるとしても、そもそも徳を積むことは自然本性に反したこととして、逆にその辛さ、苦し

さが肯定される。これは「自然に従う」を金言としたストア派の倫理思想の反対を述べている[6]。最後、第10節では、人生が航海に喩えられ、不運にも難破しそうな者へ手を差し伸べ、共に人生という航海をすすめるように語られてこの説教が閉じられる。

(2) この説教におけるグレゴリオスの救貧思想[7]

説教「これらの一人」を貫く主張は、貧者のことを同じ人間であると認めるよう会衆に迫っていることである。その際グレゴリオスは「同族者」「同郷者」、あるいは「本性を共同する者」などの概念を使っていた。その理由は、レプラを患うためにこの病気の貧者が「人間」に見えないこと、またこの人々自身が「人間」と呼ばれるのを恥と感じていたからである。人間の姿に見えないことは、例えば「この人は、本性が変わってしまったかのように、何か別者に見え、馴れ親しんだ生き物ではなくなっています。両の手が両足の用を足し、両膝が脚となっている」（115, 3-6）と述べられていた。またこの人々が人間という名を恥じていることについては、次のように語られる。

「人間」、この人々は自分たちがこの共同の名を用いてその共同の本性を侮辱するのではと考えて、自分たちをこの共同の名称で自分たちを呼ぶことを恥ずかしく思い、いつも嘆きとともに生き、悲嘆の種は尽きません。（GNO IX, p.118）

そこでこの説教ではこの病を患う貧者が「人間」であることが説かれるのである。そこにはイデア論的な思想も見られたが、それはグレゴリオス

---

6) 例えば、ディオゲネス・ラエルティオス『ギリシア哲学者列伝』第七巻1章86-88節を参照。
7) この説教以外のものを含めたニュッサのグレゴリオスの救貧思想については、拙稿「解説 ニュッサのグレゴリオスにおける救貧の思想」（拙著『司教と貧者』所収、新教出版社、2007年、162-192頁）を参照。
8) 拙論「男性でもなく、女性でもなく、人間として――ニュッサのグレゴリオスにおける男女の問題」『性の意味』所収、新教出版社、156-181頁を参照。

の『人間創造論』第16章における二重創造論を敷衍する[8]。創世記1章27節の人間創造について、グレゴリオスは「人間」という普遍的存在の創造と性差による男女の創造とを区別し、二回の創造を主張していた。われわれそれぞれは男女それぞれとしてこの「人間」に与るという。この思想の延長がこの説教に見られるのである。われわれがレプラの貧者を差別することは、「人間」の拒否として、自分の自然本性に抗うことになるという。

また無情な眼差しにも言及されているが、それとは反対に貧者を見過ごさないこと、貧者への眼差しをもつことが訴えられる。さらに見るだけでなく、行動の必要が述べられる。「一体どうして、目にする者たちへの同情の念があなたの内に生じないのか」とは、かたくなさを告発した一節であった。眼差しをもつことの重要性は関係を築く第一歩として位置づけられる。

また神学的には受肉論にも言及されている。すなわちそこでは、貧者への関わりの根拠として神の受肉が挙げられていた。神による人間の救済と人間による他者の救貧とが重なる。神はご自身が卑小な人間に成るほどわれわれに関わってくださった、それゆえ（なおさら）われわれは同じ人間である貧者と関わりをもつべきであるという。またレプラの貧者の人間性について「神の似像」に言及した議論も見られた。

さらに、終末論も重要な役割を担っていた。マタイ福音書25章31節以下の終末の裁きが引用され、議論されている。現在の行為（あるいは不作為を含めた人間の生き様）の責任が問われるという仕方で、人間の自由選択が問題となっている。救貧の思想は自由選択の問題として終末論的に展開していると言える。人間の内的な自由選択が問われる以上、来世の報いは何か外的なものではない。あくまでも自己の自由選択の結果、自分の生の結果として説かれている。自分で播いたものを自ら刈り取るということ、これはグレゴリオスの基本主張である。それゆえ彼は会衆に向かって、人間愛（$\varphi\iota\lambda\alpha\nu\theta\rho\omega\pi\iota\alpha$）を選択し、貧者との共同的生を説いていったのである。

この説教に見られるグレゴリオによる救貧の思想は、「人間」としての共同性を強調しつつ、貧者に向かった人間愛を根本に据え、徹底的に自由選択の責任を問う仕方で終末論的に展開する。以上を箇条書きにまとめて

みよう。
＊レプラの貧者は、他の人と同じ人間性を共有する。
＊神の似像の視点から、レプラの貧者の人間性が議論される。
＊この人間性を見過ごさないように訴えられるが、その際神学的には受肉論を基にする。
＊これが愛、友愛、あるいは人間愛として捉えられる。
＊自由意志論が終末論的に展開されて、愛が勧められる。

おわりに──貧者における「人間」としての輝き

　バシレイオスとグレゴリオスの場合残存する救貧説教は一編ではない。本章ではそのなかからそれぞれ一つを選択し、そこに見られる救貧の姿、思想を考察してきた。ここで貧者としてバシレイオスが眼差しを向けたのは飢餓者であり、グレゴリオスの場合はレプラの貧者であった。

　旱魃と飢饉のなかで飢えた人びとが死にかけている。しかし富者は穀物を貯めこみ、飢饉をいっそうひどいものとしている。また高利で貸付けて搾取に励む。富者には飢餓者が見えていない。しかし社会を構成しているのは富を誇る富者たちなのである。この人びとが中心となる社会のなかで飢餓者は打ち捨てられ、深淵のなかに沈んでいる。レプラの貧者の場合、たまたま旱魃のために飢えてしまった者と違い、そもそも忌み嫌われる病気を患うものとして蔑まれ、いっそう酷い差別のうちに生きてきている。飢餓者についてはそもそも同じ人間であるという前提は崩れていない。しかしレプラの貧者の場合はこの前提すら崩れてしまっている。この人びとは自他共に「人間」と見なされていない。特に人間愛が叫ばれるのはそのためであろう。

　飢饉における飢餓者、レプラの貧者といった社会の周縁にいる人々、あるいは社会の深淵のなかに飲み込まれて見えなくなっている人々に眼差しを向け、具体的に関わっていくこと、バシレイオスもグレゴリオスもともに声を上げてこれを主張していたのであった。それは受肉論や「神の似像」

論などをもとにしており、何か超越的な次元において開示された「人間」の輝きを経験したからであった。

　最後に「よいサマリア人」に言及しつつ、人間性の開示を創造と結びつけた思想家シモーヌ・ヴェイユの言葉を引用し、本章をむすびたい。

創造的な注意は存在しないものに現実に注意をそそぐところにある。人間性は道ばたの生気のない無名の肉体の中には存在しない。ところが立ちどまって見るサマリア人は、この不在の人間性に注意し、それにつづく行為はそれが現実の注意であることを示している。（渡辺秀訳「神を待ち望む」『シモーヌ・ヴェイユ著作集Ⅳ』所収、春秋社、1967年、108頁）

第4章　初期・中世キリスト教美術における黙示録表現

山田香里

はじめに

　キリスト教は、イエスの時代からこの世の終わりの時を説く宗教であった。福音書においてイエスは、「神の国は近づいた」と人々に宣言し、悔い改めを迫っている（マルコ1章15節）。また、福音書でイエスはこの世の終わりの出来事について語っている（マタイ24章など）。旧・新約聖書では、この世の終わりの出来事がいくつかの箇所で幻視という形で示されている。特にヨハネの黙示録には、この世の終わりのときに起こる出来事が詳細に記されている。一方、キリスト教美術は、非常に早い段階から聖書本文中の終末ヴィジョンの記述を視覚化したモティーフを描いている。虹色の雲（エゼキエル書1章28節）、小羊（黙示録5章6節他）、四つの生き物（エゼキエル書1章5節、黙示録4章6節他）、天国の川（黙示録22章1節）など、思いつくままに挙げてみるだけでも枚挙に暇がない。しかし、これらのモティーフが描かれた作例を観察してみると、そこでは黙示文学が語るこの世の終わりのヴィジョンそのものよりも、未来に再び我々の元にやってくる再臨のキリストを表現していることがわかってくる。本章では、トルチェッロ島に残されたサンタ・マリア・アッスンタ教会堂の西正面内壁のモザイク壁画を出発点に、初期キリスト教美術が描いてきた黙示録表現について考察していくことにしたい。

1 トルチェッロ大聖堂（サンタ・マリア・アッスンタ教会堂）について

（1） 歴史

　教会堂の一壁面をモザイク壁画が覆っている。最上部に十字架につけられたキリストが描かれ、その真下には非常に大きく、冥府に下ったキリストが描かれる。この下には、最後の審判時のキリストが描かれているのだが、両者を比較してみると、冥府に下ったキリストの大きさは異様とも感じられるほどである。トルチェッロ大聖堂の西正面内壁の壁画を見たものの目には、まずこの「冥府降下のキリスト」像が飛び込んでくるだろう（図1）。

　北イタリア、ヴェネツィアのトルチェッロ島に残るトルチェッロ大聖堂は、正式にはサンタ・マリア・アッスンタ教会と呼ばれる[1]。その規模は奥行き50m、幅21mである。教会堂正面の入口には三つの扉が並んでおり、入り口前のポルティコは9世紀当時に存在した洗礼堂に付随していた。この大聖堂内部の西正面内壁（大聖堂は一般に東西に向かって建設され、西側に入口が設けられる）にいわゆるビザンティン様式の「最後の審判」図が残されている。いわゆる、というのは、当時トルチェッロ島はコンスタンティノポリスを首都とするビザンティン帝国領内にないからであるが、この時代、ヴェネツィアのモザイク壁画はビザンティン人の職人たちや、

---

[1] トルチェッロ島は、現在のヴェネト州、ヴェネツィアの潟にある。トルチェッロ島は比較的早い時代、すなわち5-6世紀には移住が始まっていたことが知られている。この地域の大司教区の中心は、元々はアクィレイアにあった。アクィレイアの大聖堂は、313年のミラノ勅令発布後直ちに建設が開始されたと考えられており、キリスト教会としては非常に古い。その後、5世紀半ばになると西ゴート族やフン族の侵入で、アクィレイアは壊滅的な打撃をこうむったため、この地域の大司教は隣接するグラードに移った。そのグラードに568年、ロンゴバルド族が侵入すると、人々はこれを逃れて、ヴェネツィアの潟にあるトルチェッロ島へと移動した。よく知られているように、ヴェネツィアの周辺地域は湿地帯で、外敵から身を守るのに適していたからである。大司教区の中心も、7世紀になるとトルチェッロ島へ移動する。そして、9世紀にはこの地域の中心は、ヴェネツィア本島へと移る。

第4章　初期・中世キリスト教美術における黙示録表現　69

図1　トルチェッロ大聖堂、西正面内壁、モザイク「磔刑」「冥府降下」「最後の審判」

ビザンティン人から技術を学んだイタリア人の工人たちによって作られており、ビザンティン様式を継承しながらもイタリア的な要素が入り込んだモザイク壁画が多数製作されていたのである。

　トルチェッロ大聖堂が現在の姿になったのは1008年ごろであり、元々の教会堂は7世紀に建設されたと考えられている。19世紀末に教会内部で発見された銘文によると、元々の教会堂の建築は第21インディクションの13年目であるという（639年）。銘文は他に、皇帝ヘラクレイオス(610-641)、司法官マウリツィオにも言及している。だがこの銘文は、一般に教会堂の献堂銘文に見られるような司教の名前への言及がなく、且つ、普通この種の銘文には登場しない司法官の名前に言及しているなど、献堂銘文としては不自然な点が多い。そもそも、銘文が献堂当初からこの場所にあったかどうかも定かではなく、銘文の解釈には議論が分かれるところである。900年代の終わりの年代史家、ジョヴァンニ・ディアコノによれば、700年代初頭、司教アデオダトゥス1世時代に大理石装飾も含む建設が終了した。そして、864年から867年の間に司教であったアデオダトゥス2世時代に、アプシス両側の小アプシスの建設も含む、教会堂の拡張工事が行われた。1000年以降、ドージェ（ヴェネツィア元首）のピエトロ・オルセオーロ1世の子供であるオルソ・オルセオーロが司教の時代、大聖堂は現在の形になったといわれている。したがって、私たちが見ることが出来る現在のトルチェッロ大聖堂は主に3期、手が入っており、第1期は639年ごろ（現存する部分は少なく、ファッチャータの下部など）、第2期が864-867年ごろ（いくつかの部分が残っている）、第3期が1008年ごろの制作である。

(2) 教会堂のプランと内部の装飾の概要

　トルチェッロ大聖堂は三廊式のバシリカ型教会堂で、我々が問題とする

---

2)　インディクションとは、15年をひとまとめにした古代の年代表記法。
3)　トルチェッロ島には東ローマ帝国の行政府は置かれておらず、チッタノーヴァに置かれていた。チッタノーヴァが壊滅後、教会堂建設のための資材がチッタノーヴァから取られて運ばれた、という説もある。

第 4 章　初期・中世キリスト教美術における黙示録表現　71

西正面内壁の他は、アプシス、南側小アプシスにモザイク壁画が残されている。これらのモザイク壁画は、その大部分が 12 世紀終わりから 13 世紀初頭に整えられた。アプシスには、ビザンティンの伝統にしたがって聖母子がいる。金を背景にした立像の聖母子である。アプシス下部の区画には 12 使徒たちが配されている。アプシス周辺の凱旋門型壁面の左には大天使ガブリエル、右には聖母がおり、「受胎告知」図を構成している。小アプシスにはコンカの中央に坐像のキリストが、二人の大天使に囲まれている。このモザイクは明らかに中央の聖母子とは異なる手によるものである。小アプシス手前の天井部にはラヴェンナのサン・ヴィターレ教会堂（6世紀）やローマのサンタ・プラッセーデ教会堂のサン・ゼノーネ礼拝堂天井（9世紀）に見られるものと同じ「大地の四隅に立つ 4 人の天使」（黙示録 7 章）を主題にしたモザイクが置かれている。この天井部のみ、7 世紀の製作と考えられている。

　我々が問題とする西正面内壁には、その全面にモザイク壁画が施されているのだが、全体が水平方向に 6 層に分かれている。各々の層の大きさは均一ではなく、前述したとおり上から 2 段目の「キリストの冥府降下」図が描かれている区画が最も大きい。最上段の壁画の主題は「キリスト磔刑」であり、磔刑のキリストは両脇に母マリアと福音書記者ヨハネを伴っている。十字架上のイエスの直下には、「冥府降下」図のキリストが描かれている。「冥府降下」図下には 4 層にわたって、「最後の審判」図が描かれている。

　この「キリスト磔刑」図、「冥府降下」図、「最後の審判」図の画面配置や構成が、この壁画のもっとも特徴的な点であるといえる。壁画全体には、キリスト像が、「磔刑」図、「冥府降下」図、「最後の審判」図の各場面の中央に繰り返し描かれているが、この中で最も大きく描かれているのが、上から二段目の「冥府降下」図におけるキリスト像なのである。ここでは、キリストのみならずキリストと共に描かれている天使をはじめとする人物像表現も、他の区画に比べるとひときわ大きく描かれている。図像の構成

4）　教会堂の基本的なプランや名称に関しては、『岩波キリスト教辞典』（岩波書店、2002 年）の付録 1314 頁を参照のこと。

上、「最後の審判」図が、壁画全体の中で占める割合がもっとも大きいのであるが、それにもかかわらず、登場人物の大きさが最も大きく描かれているのはこの「冥府降下」図であるため、西正面内壁の壁画全体で最も強調され、重要な意味をもつのは「冥府降下」図であると考えられる。また、この壁面には、既に起こった出来事（十字架と冥府降下）とこれから起こる出来事（最後の審判）という異なる次元の出来事が同一画面に描かれていることも特徴的である。正面に立って「現在」壁画を観る我々は、すでに起きた出来事（過去）とこれから起こるだろう出来事（未来）の中間地点にいるのである。

2 トルチェッロ大聖堂、西正面内壁のモザイクについて

(1)「冥府降下」図

さて、ここではまず、「冥府降下」図に注目してみよう。

画面の両端に正面観で大きく大天使が一人ずつ配されている。中央に描かれているのはキリストである。キリストはその足でハデスを踏みつけにし、彼の足元には破壊された冥界の扉などが散らばっている。左手には十字架を持ち、右手でアダムの右手を引っ張り挙げている。キリストの右側には洗礼者ヨハネが立つ。この三人の両側には、石棺から立ち上がる死者たち、ダビデ王とソロモン王など、いくつかの人物像グループが描かれている。

冥府降下という出来事そのものは、キリストが十字架にかかって死んで埋葬されてから、復活する間の三日三晩の出来事である。そこで、イエスの十字架刑と死、そして復活という物語場面が初期キリスト教美術においてどのように扱われてきたのかまずは概観しておきたい。

初期キリスト教美術においては、長いこと「キリストの磔刑」図が描かれてこなかったことは周知の事実である。しかし、彼の受難物語そのものが描かれてこなかったわけではない。「エルサレム入城」（マルコ 11 章

図2　ヴァティカン博物館、ピオ・クリスティアーノ美術館蔵「受難石棺」

他）から始まって復活後のキリストが弟子たちへ現れる一連の物語が、イエスの生涯の中の「受難物語」として初期キリスト教美術では描かれてきた。イエスの生涯を表現した図像は、既に3世紀末の石棺浮彫彫刻に登場しているが、そこに描かれているものは「カナの婚礼の奇跡」（ヨハネ2章）に始まる、イエスの「公生涯」と呼ばれる時代の奇跡物語などの一連のエピソードが主であった。一方、奇跡物語と一緒に、「エルサレム入城」や「ピラト洗手」（マルコ15章他）をはじめとするイエスの受難物語表現も登場する。4世紀中葉に制作された一連の「受難石棺」では、例えばいくつかに区切られた区画の中に受難物語のエピソードを描き、石棺中央には、アナスタシスの十字架を置いて、キリストの死と復活を暗示している[5]（図2）。しかし、十字架上のイエスが描かれることは決してなかった。ラ

5）　名取四郎「初期キリスト教美術におけるアナスタシスの十字架」『芸術学論叢　2号』別府大学美学美術史学会、1979年、27-42頁。アナスタシスとは、「復活」を意味するギリシア語である。ここでいうアナスタシスの十字架は、キリストのモノグラムを用いてイエスの十字架上の死と復活を寓意的に表現している。十字架の上に月桂冠で囲まれたキリストのモノグラムが置かれている。そして、十字架の根元部分では兵士たちが居眠りをしている。キリストのモノグラムとは、組み合わせ文字を用いてキリストその人を表現する。このモノグラムを月桂冠が囲んで、キリストが勝利したことを示す。この勝利のキリストが、自らを死に追いやった刑具である十字架の上にあるため、ここではキリストが死に勝利した、すなわち復活したことを表現している。兵士たちがイエスの墓を見張っていたが、彼らが眠っている間に復活してしまったことをここに眠る兵士像が表現している。つまり、アナスタシスの十字架表現では、イエスの十字架上の死も、彼の空になった墓も示すことなしに、イエスの死と復活の出来事を暗示しているのである。

図3　ラヴェンナ、サンタポリナーレ・ヌオヴォ教会堂、モザイク「十字架の道行き」

図4　ラヴェンナ、サンタポリナーレ・ヌオヴォ教会堂、モザイク「墓での女たち」

ヴェンナのサンタポリナーレ・ヌオヴォ教会堂の身廊両側壁最上部に描かれる、一連の新約聖書物語場面（6世紀）を見てみるとこの傾向が顕著である。教会堂の身廊左右側壁面は、現在水平方向に三つの区画に分かれている。その最上段には、聖書物語場面と装飾表現が交互にパネル状で配されている。アプシスに向かって左側の側壁面の最上段には「カナの婚礼の奇跡」に始まるキリストの公生涯が、右側壁には「最後の晩餐」（マルコ14章他）から始まるキリストの受難物語が、それぞれ13場面、合計26場面描かれている。右側壁の前から10枚目の物語場面のパネルには十字架を背負ってゴルゴダの丘へと向かうイエス（「十字架の道行き」）が描かれているが、次の11枚目のパネルには、イエスの墓の前で神のつかいとマグダラのマリアら2人の女性が問答するシーン「墓での女たち」が描かれている（マルコ16章他）（図3, 4）。「十字架の道行き」に至るまで、「最後の晩餐」のパネルから始まり、「ゲッセマネでの祈り」、「ユダの裏切り」、「逮捕」、「カイヤファの前のキリスト」、など、キリストの受難のエピソードが丹念に9枚も描かれているのに、「十字架の道行き」の後、イエスが十字架にかけられ死んだキリスト磔刑の出来事と、十字架からおろされ埋葬されるという出来事は飛ばされて、次にキリスト復活後の出来事である「墓での女たち」のエピソードが描かれているのは、現代の我々から見るとなんとも不自然である。しかしながら、観者である我々には、この場所に磔刑を描いたパネルが置かれていなくとも、イエスが十字架につけられ

て死んだという出来事が「十字架の道行き」と「墓での女たち」の間に起こっていることは周知のことであるし、これらのパネルを見るだけでイエスの死や復活はおのずと想起させられる。このように初期のキリスト教美術ではイエスの十字架の出来事を目に見える形で表現することに積極的ではなく、むしろ描くことを意図的に避けているように思われる。最初期の「キリスト磔刑」図としては、ローマのアヴェンティヌスの丘に残された、サンタ・サビーナ教会の木彫扉（6世紀）が挙げられるだろう。ここでイエスは、両側に、ともに処刑された二人の罪人を従えているものの、後の時代の磔刑図のように一目でそれとわかるような表現をしてはいない。いずれにせよ、初期キリスト教美術において「キリスト磔刑」は重要な図像主題とはなっていない。

　次に、「冥府降下」図に目を向けてみよう。十字架上で死んだ後、キリストは冥界に下り、すでに死んだ者たちの霊を救済したのだという。この出来事を冥府降下と呼んでいる。福音書では全く言及されておらず、新約聖書では、ペトロの手紙3章19節に「そして霊においてキリストは、捕らわれていた霊たちのところへ行って宣教されました」と簡単に記されているのみである。外典のニコデモによる福音書には、イエスが復活されるまでの間に冥府に下り、青銅の扉を砕いて中にいるアダムをはじめとする人々を救いだしたことが記されている（17章以下）。しかし、このテクストには「冥府降下」図で描かれる多くのモティーフが描かれておらず、また、外典テクストの中では重要な役割を果たすはずの「冥界の扉」のモティーフは、最初期の「冥府降下」図には登場しない。したがって、このテクストは、「冥府降下」図がある程度成立してから初めて図像に関与したのだという[6]。つまり、「冥府降下」図が成立する背景には、複数の冥府降下物語テクストが存在していると考えられるのである。「冥府降下」図は、東方キリスト教世界で7世紀に成立したと考えられている。この東方の作例群に直接影響を受けた作例が8世紀初頭のローマに現れる。サンタ・マリア・アンティクァ教会堂のフレスコ壁画の作例である（図5）。マンドル

6）　木俣元一「「最後の審判」と「キリストの冥府降下」」立川武蔵編『曼荼羅と輪廻——その思想と美術』佼成出版社、1993年、321-344頁。

図5　ローマ、サンタ・マリア・アンティクァ教会堂、フレスコ「冥府降下」

図6　ローマ、サン・クレメンテ旧教会堂、フレスコ「冥府降下」

ラ型光背に包まれたキリストが右手でアダムの手をつかみ、自分のほうへと引き上げようとしている。アダムは石棺の中におり、キリストに引っ張られ、そこから立ち上がるところである。キリストは右足で冥界の支配者ハデスを踏みつけている。ハデスはアダムの衣服を引っ張り、立ち上がろうとするアダムを冥界にとどめようとしている。ここで描かれているのは、キリスト復活前のある時点で起こった、アダムの救いの出来事である。だが、ここで物語が意味しているのはアダムの個人的な救いの出来事ではなく、アダムによって代表される人類全体の救いである。この後、9世紀のローマでは、ローマのサン・クレメンテ教会堂、サンタ・プラッセーデ教会内サン・ゼノーネ礼拝堂などに「冥府降下」図が描かれる。

　サン・クレメンテ教会は、12世紀に建設された現在の教会堂の地下に4世紀の旧教会堂を有し、さらにその下の層には、ローマ時代の家屋建築や公共建造物を残している。この4世紀の旧教会堂の一角に、9世紀の「冥府降下」図がある（図6）。半円状の区画に描かれたこの壁画の左端には、聖キュリロス（827-869）の肖像が描かれている。彼は東方出身の聖職者で、時の教皇の招きを受けローマを来訪したがここで没し、この教会堂に埋葬されたという。半円状の区画の残りの空間に「冥府降下」図が描かれている。ここでは、キリストはマンドルラ型の光背に包まれ、右手でアダムの右手をつかみ、救い出している。アダムはかつてのように石棺から立ち上がるのではない。彼の背後には、腕や頭部と言った切断された人体の部分が漂っており、ここが古代的な冥界ではなく、懲罰の場所である地獄を表現していることがうかがえる[7]。この壁画が聖キュリロスのために描かれているのは明白であり、ここで救いを願われているのは、左端に描かれている彼自身である。本来、人類の始祖たるアダムを冥界から救い出すことは、彼を通じてのあらゆる人類の救いを表象していた。だが、サン・クレメンテ教会堂では、特定の個人の救いを表象した「キリストの冥府降下」図が描かれていると言える。

　9世紀ローマに建設されたサンタ・プラッセーデ教会堂内、サン・ゼノー

---

7)　木俣1993、329頁。

ネ礼拝堂の「冥府降下」図には、本来ここに描かれるはずのない、冥府降下の物語には関係しないはずの天使や、旧約聖書の登場人物であるダヴィデとソロモンという二人の王が描かれている。ここでは詳述しないが、この礼拝堂内の壁画と、教会堂のアプシスの壁画が連動し（アプシスにはトラディティオ・レギス図から派生した、キリストの顕現図像が時の教皇パスカリス1世と共に描かれている）、この先に起こるであろう最後の審判の際に、教会堂内に肖像が残されているパスカリス1世と礼拝堂内に肖像が残る教皇の母、テオドラ・エピスコパが救済され、天国へ受け入れられることを希求する、という内容が巧みに描き出されている。ここでも、旧サン・クレメンテ教会堂に描かれたのと同様に、個人的な救済という極めて私的な内容が本来は人類全体の救いを表現するはずの「冥府降下」図像を用いて描き出されているのである。

以上のように「冥府降下」図の表現は作例ごとにさまざまであり、定まった表現法というものがない。恐らく図像を描こうとした人々が参考にしたテクスト自体に様々なヴァリエーションがあったのであろう。そして冥府降下の際にキリストがアダムを救った出来事が、人類全体の救いを意味するにもかかわらず、「冥府降下」図の意味する救済の対象すらも、本来の物語の意味から外れて個人的なものへと変化していることが興味深い。

(2)「最後の審判」図

さて、再びトルチェッロ大聖堂に目を向けてみよう。「冥府降下」図の下の「最後の審判」図は、西正面内壁を六つに区切った区画のうち、下の4区画を用いて描かれている。上段から以下の図像となる。

①キリスト、聖母マリア、洗礼者ヨハネ（以上3名で「デイシス（祈り）」を構成）と十二使徒
②中央にエティマシア（空の御座）[8]、その足元にアダムとエヴァ。両側に二大天使。さらにこの両側には、最後の審判の際によみがえる人々
③中央に、天秤を持ったミカエルと悪魔。ミカエルは善と悪の重さを量っ

---

8) 椅子によってキリストの臨在を象徴していたが、11世紀以降は最後の審判の際にキリストが座るべき玉座を示すようになった。

図7 パリ図立図書館蔵、ギリシア語写本 (ms.Grec 74, fol. 54v.)「最後の審判」

ている。左側に4グループ。司教たち、殉教者たち、修道士達、女性聖人達　右側に火の海とルチファー
④左　パラダイス（アブラハムと正しい人々の魂、聖母、ケルビムによって守られる天の扉、魂の運び手たる天使、ペテロ）
　右　煉獄（六つの悪徳：贅沢、大食、かんしゃく、嫉妬、強欲、怠惰）

　ここに描かれている「最後の審判」図は、パリ国立図書館蔵、ギリシア語写本74番（11世紀後半）、通称パリ福音書の作例（fol. 51v.）に酷似している（図7）。パリ福音書では、トルチェッロの④右に六つの方形の区画内にそれぞれ描かれた煉獄表現が、馬蹄形の六つの空間に描かれている。この馬蹄形の区画は、この最後の審判図がもともと、教会堂の内部壁面に描かれていた証拠でもあるという。つまり、「最後の審判」図はビザンティン教会堂の内部壁面を飾る壁画として成立したというのである。ビザンティンの教会堂内部には、西側の教会のような大きな西壁面というものはない。教会堂内部の壁面は、その建築様式にしたがって複雑な様相を呈している。それゆえ、教会堂内部にいくつか存在するリュネット（半月型壁面）のうち、六つのリュネットの壁面に別々に描かれていた六つの悪徳が、写本挿絵の1頁というひとつの画面に集約されて描かれたのが、パリ福音書の「最後の審判」図であるというのである。つまりは、「最後の審判」図は東方教会の教会堂の壁面装飾として成立し、定型化した、と考えられる[9]。トルチェッロ大聖堂の壁画より古い西側の教会堂壁画の作例としては、南イタリアのカプア近郊のサンタンジェロ・イン・フォルミス修道院の西壁面に描かれた「最後の審判」図が挙げられる。このように西壁面に「最後の審判」図が描かれるのは、ビザンティン教会堂の装飾に由来するのだろうが、ここでは、デイシスは描かれておらずパリ福音書とは異なる画面構成となっている。

　では、これよりさかのぼる初期キリスト教美術では「最後の審判」図はどのように扱われていたのだろうか。

　「最後の審判」を表現するとき、その図像の典拠となるテクストとして

9）　だが、この仮説を示すような中期ビザンティンの教会堂壁画の作例が現存していない。

第 4 章　初期・中世キリスト教美術における黙示録表現　　81

図 8　ニューヨーク、メトロポリタン美術館蔵、石棺（蓋）「羊と山羊を分かつキリスト」

　ヨハネの黙示録やエゼキエル書が挙げられるのは当然だが、初期の段階ではマタイ福音書の「賢い乙女とおろかな乙女」(マタイ 25 章 1-13 節) や「羊と山羊を分かつキリスト」(マタイ 25 章 31-46 節) など、直接的に終末のヴィジョンを表現したテクストからの表現よりも、イエスがより象徴的に終末を語った聖書の箇所を視覚化した表現が見られる。それは、初期のキリスト教美術が象徴表現や寓意表現を好んだことも理由としてあげられるが、ヨハネの黙示録を正典に含めるべきなのかどうか、教会内部で長期にわたりこの文書の扱い方が決着を見なかったことにもよる。ヨハネの黙示録に記されたモティーフでは、四つの生き物、神の御座、七つの封印をした巻物、天上のエルサレムなどが、初期のキリスト教美術に見られる終末のモティーフであった。
　非常に早い段階の「最後の審判」表現は、前述したニューヨーク、メト

---

10) ドゥラ・エウロポスのキリスト教徒の家の壁画 (3 世紀中頃) など。
11) ニューヨーク、メトロポリタン美術館蔵の石棺 (300 年頃)、ラヴェンナ、サンタポリナーレ・ヌオヴォ教会、新約聖書物語パネル (6 世紀) のうちの 1 枚など。
12) 獅子、人、ワシ、牡牛の頭を持ち、天に漂う生き物 (四活物) は、非常に早い段階から教会堂モザイク壁画に登場する。サンタ・プデンツィアーナ教会のアプシス (400 年頃) では、天上のエルサレムと共に描かれる。その後、ローマのサンタ・マリア・マッジョーレ教会 (5 世紀) のアプシス、凱旋門型壁面には、冠を手にした四活物が描かれる。その後、四活物は手に閉じた冊子本を持つようになり、マタイ、マルコ、ルカ、ヨハネの四福音書記者の象徴へと変化する。
13) 例えば、前述のサンタ・マリア・マッジョーレ教会の凱旋門型壁面には、ペテロ、パウロに称揚される空の御座が描かれる。
14) サンタ・マリア・マッジョーレ教会に描かれた空の御座の前の足台に、七つの封印をした巻物が置かれている。
15) ローマ、サンタ・プデンツィアーナ教会、アプシス壁画 (400 年頃) など。

ロポリタン美術館蔵の石棺[16]といわれている（図 8）。ここでは、中央に哲学者の衣装を身につけた男性像が座しており、その傍らには巻き物の束が置かれている。哲学者の右側には 8 頭の羊たちの群れが彼に向かって近づいてくる。哲学者はその右手で先頭の 1 頭の頭をなでている。一方彼の左側には 5 頭の山羊がおり、左手を山羊の眼前に差し出して拒否のポーズを取っている。この表現は、中央の人物像が哲学者として描かれていることを除けば、当時の石棺浮彫に好んで描かれてきた「牧歌的田園風景」描写に共通した表現である[17]。羊と山羊を分かつ、という同様の主題は、ラヴェンナのサンタポリナーレ・ヌオヴォ教会堂の一連の新約聖書物語パネルのひとつに見られる。ただ、こうした寓意表現は圧倒的に作例数が少ない。

　ローマのコンスタンティナ廟堂には、「トラディティオ・レギス」図を表現したモザイク壁画が残る（図 9）。トラディティオ・レギスとは法の授与を意味し、キリストが、観者から向かって右側に立つペテロへと開かれた律法の巻き物を授与する、という図像である[18]。ここでは、細部に黙示録のモティーフがいくつか見ることが出来る。キリストが立つ背景の虹色の雲、足元の丘から流れ出る天国の川、画面の両端のなつめやしの木などである。この「トラディティオ・レギス」図が発展した形の図像が後のローマの教会堂アプシス壁画に残されている。サンティ・コスマ・エ・ダミアーノ教会堂のアプシスの壁画（6 世紀）を見ると、キリストは閉じた巻き物を持っており、もはやペテロに律法を授与することはないが、背景には虹色の雲を有している。そして、川やなつめやしの木のモティーフは、多少形を変えて引き継がれている。また、画面の下部には羊たちの行列を描いた帯があり、中央（上部画面のキリストの真下）には、神の小羊が描かれる。さらに、凱旋門型壁面に目を転じると、そこには「24 人の長老たちによ

---

16) ニューヨーク、メトロポリタン美術館、Rogers Fund, 1924, 24.240.
17) 当時は、イエスを哲学者として描く作例が多くみられる。「教えを授ける教師キリスト」図など。
18) 名取四郎「コンスタンティナ廟堂の北側小アプシスのモザイク——「トラディティオ・レギス（法の授与）」図を巡って」『別府大学紀要』18 号、1977 年、10-39 頁。拙稿「トラディティオ・レギス図再考　ミラノ、サンタンブロジオ教会蔵、スティリコの石棺に関する考察」『神学研究』関西学院大学神学部神学研究会、2010 年。

第 4 章　初期・中世キリスト教美術における黙示録表現　　83

図 9　ローマ、コンスタンティナ廟堂、北側小アプシス、モザイク「トラディティオ・レギス」

る小羊礼賛」図（黙示録 5 章 8 節）や 7 つの燭台（黙示録 1 章他）、小羊の座す玉座（黙示録 22 章）、七つの封印をした巻き物（黙示録 5 章）、冊子本を持った四つの生き物（黙示録 4 章他）など、ヨハネの黙示録から得たモティーフがいくつも描かれている。このことから、アプシスの壁画に描かれている虹色の雲に囲まれて漂うキリストは、黙示録に記された終末時に現れるキリストを描いたものであると考えられる。終末に再度キリストが現れることをキリストの顕現と呼ぶ。

　ここまで、いくつかの初期キリスト教美術のヨハネの黙示録モティーフを有する作例を概観してきた。ここで特徴的であったのは、黙示録のモティーフを用いて描こうとしている内容は、トルチェッロ大聖堂のそれとは異なり、「最後の審判」そのものを想起させるものではないということである。終末を暗示する表現ではあったけれども、初期のキリスト教美術における終末表現は、人類に下される最後の審判には主眼が置かれておらず、再び我々の前に現れる、キリストの再臨、顕現のキリストというテーマを表現していたのであった。新約聖書を読むと、イエスは「神の国」の到来が間近であることを人々に説き、悔い改めを迫っている。だが、初期

キリスト教美術が描かれた3-6世紀頃は、「神の国」がいまだ到来せず（つまり、終末が到来せず）、「最後の審判」への危機感は人々の間では希薄になっていたのだろう。

おわりに

　我々が見てきた「冥府降下」図のうち、サン・クレメンテ教会堂やサンタ・プラッセーデ教会堂に描かれてきたそれは、人類全体ではなく特定の個人の救済を願ったものであったことは既に述べたとおりである。「羊と山羊を分かつキリスト」図が描かれているニューヨークの石棺も、埋葬のための道具であることを考えれば、その図像は死者個人の魂の救済を願っての表現であるといえるだろう。羊や山羊が登場する表現は、異教、キリスト教にかかわらず、当時の石棺浮彫彫刻では非常に好まれた表現である。また、羊などの動物以外でも、花が咲き乱れる美しい田園風景の描写は、葬礼美術が非常に好んだものであった。その理由についてはここでは詳述しないが、古代のローマ人たちは、牧歌的田園風景描写の中に魂の平安を見出したのである。彼らにとって、田園風景はまさに桃源郷であり、死後の平安も田園風景にて繰り広げられると信じていた。サン・セバスティアーノのカタコンベ、アティメトゥス名義の墓には、死後審判を受けた人間が門をくぐって彼岸の世界に入り、田園での宴を繰り広げている風景が描かれている。ウィビアのカタコンベにおけるウィビアの墓所の壁画には同様に、審判の後、門をくぐって彼岸の世界に到着した死者、ウィビアの図が見られる。彼岸の世界は田園風景であり、そこでウィビアも食卓について宴に参加している。このように死後の審判を描いたカタコンベの壁画はいくつかあるが、そのいずれも象徴的な天秤ばかりや、裁判の風景を描くことで死後の審判を表現している。その審判は、「最後の審判」のように人類全体にもたらされるものではなく、死者個人のものであり、彼らは審判後、美しい田園でのどかに食卓を囲むのである。一方、トルチェッロ大聖堂の「最後の審判」図では、古代における審判図と同様に天秤ばかりを用いて大天使と悪魔が人類の善と悪を量っている。だが審判を受けた人々の

第 4 章　初期・中世キリスト教美術における黙示録表現　　85

行き先は必ずしも楽園ではない。

　トルチェッロ島のサンタ・マリア・アッスンタ教会堂の西側内壁に描かれた壁画は、キリスト者の救済プログラムを「磔刑」「冥府降下」「最後の審判」と三つの異なる時間軸の物語を用いて表現した。来るべき「最後の審判」の上に人類の象徴であるアダムを救済する「冥府降下」を巨大なキリスト像を用いて描いているのは、教会堂内部でこの壁画を見上げるはずのキリスト教徒たちへの審判を超えた救済のメッセージであるということが出来るのではないだろうか。

【図版出典】

図 1　Y. Christe, ed. italiana, M. G. Balzarini, Il giudizio universale nell'arte del medioevo, Jaca Book, 2000, fig. 11.
図 2　筆者撮影。
図 3　A. グラバール著、辻佐保子訳『ユスティニアヌス黄金時代』新潮社、1973 年、図 164。
図 4　同、図 165。
図 5　Cura di J. Osborne, Santa Maria Antiqua al Foro Romano cento anni dopo, Roma, 2004. p. 193, fig. 7.
図 6　辻佐保子編『西欧初期中世の美術』（世界美術大全集 第 7 巻）小学館、1997 年、図 71。
図 7　Christe2000, fig. 8.
図 8　Christe2000, fig. 2.
図 9　筆者撮影。

【参考文献】（註に挙げたものは除く）

太田泰人・鐸木道剛編『名画への旅 4 巻　天国へのまなざし』講談社、1992 年。
太田泰人・鐸木道剛編『名画への旅 3 巻　天使が描いた』講談社、1993 年。

太田泰人・木村重信編『名画への旅2巻　光は東方より』講談社、1994年。
グラバール著、辻佐保子訳『人類の美術6　キリスト教美術の誕生』新潮社、1967年。
辻佐保子『中世絵画を読む』（岩波セミナーブックス20）岩波書店、1987年。
辻佐保子編『世界美術大全集7　西欧初期中世の美術　西洋編』小学館、1997年。
名取四郎『地中海都市紀行――古代キリスト教美術を訪ねて』（岩波セミナーブックスS7）岩波書店、2005年。

第5章　キリスト教は「悪」をどう見るか
――人間の「闇」についての宗教的理解

栗林輝夫

人間の正義を望む能力が民主主義を可能にし、不正義に傾く性癖が民主主義を必要にする。
　　　　　――ラインホルド・ニーバー『光の子と闇の子』
世界には深刻な悪が存在する。苦しみもあれば痛みもある。それらを簡単に解決できるとは思わない。しかしそうだからと言って、何もせずに傍観すべきではない。
　　　　　――バラク・オバマ、ニーバーから何を学んだかと聞かれて
　　　　　『ニューヨーク・タイムス』2007年12月

はじめに――「わかっちゃいるけど、やめられない」

　悪はとても魅力的である。映画でも文学でも、真面目で融通のきかない男性よりも「ちょい悪」で不良がかったキャラの人間に惹かれるし、女性でも悪の匂いをぷんぷん撒き散らす「魔性の女」や「悪女」のほうがよほど魅惑的で抗しがたい。あんな男について行ったら駄目だ、そんな女の甘言は危ないと頭ではわかっていながら、体がついていかない。文化や民族によって何をもって悪とするかは微妙に異なるものの、悪の魅力に酔いしれ、誘惑に負けてしまうのが人間の生まれながらの性（さが）、普遍的な宿命のようだ。
　「人類が生きるかぎり、このわかっちゃいるけどやめられないという生活はなくならない。これは親鸞上人の教えに通じている。そういうものを

真理と言うのだ。上出来だ。頑張ってこい」。数年前に他界した元クレージーキャッツの植木等は、「スーダラ節」を歌うかどうかで悩んでいたとき、父親にそう励まされたという。1960年代の高度成長期、日本のサラリーマン生活を軽快に笑いとばしたのが大ヒット曲の『スーダラ節』。しかし植木はもともと僧侶になるべく修行をしたことがあった真面目な性格で、気楽に「日本一の無責任男」を唄うことには抵抗があった。思いあまって父親に相談したところ、歌詞が「親鸞の教えに通じている」と励まされて迷いからふっきれた。植木の父、徹誠は青年時代、キリスト教教会の門を叩いたこともあったが、後に仏教に転じて浄土真宗大谷派の僧侶になり、第二次大戦前には被差別部落の解放運動に参加したり、戦争に反対して治安維持法で投獄されたりと骨太な人だった[1]。なるほど徹誠が言うように、どんな人間でも、悪いとわかっていても、ついやってしまう性癖をもっている。善を望みながらも「悪いことばかりを心に思い計って」（創世記6章5節）、内にどろどろと息づく闇の部分を秘めている。

「善人なほもつて往生を遂ぐ。いはんや、悪人をや」。これは『歎異抄』の中にある親鸞の「悪人正機」を説いた有名な言葉である。いったいなぜ善人よりも悪人のほうが極楽往生を遂げて救済されるのか。それは、悪人のほうが、ひそかに自分を誇る善人よりも、悪を繰り返すことでしか生きられない人間の闇を知っていて、その悔悟をばねにして仏陀の衆生済度の本願に帰依しようとするからである[2]。

悪は仏教の根本にかかわる重大な問題であって、仏教はその成立の時から人間の善悪問題と格闘してきた。仏教において悪とされるのは主として殺生（人間を含め、生きている物を殺すこと）、偸盗（他者の所有物を盗ること）、邪淫（性行為をすること）、妄語（嘘をついて人を惑わすこと）といったことがらで、そうした横しまのすべては心、すなわち煩悩から発していると考えられた。悪いことをしないのは人への勧めとしては当然なのだが、人間にはどうしてもそれを守ることができない。煩悩をコントロールすればいいのだが、それが人間にはどうしてもできないのである。悪因

---

[1] 植木等『夢を食いつづけた男——おやじ徹誠一代記』朝日文庫、1987年、222頁。
[2] 伊藤益『親鸞——悪の思想』（集英社新書、2001年）を参照せよ。

苦果実、この世の苦しみは終わることがなく、人は生きるかぎり苦悩する。これがために、いっさいの煩悩を超越した仏陀の衆生済度の本願に帰依して、往生を遂げることが必要となる。そのように仏教は煩悩からの解脱を強く説いてきたのである。

神道は悪についてどう考えるだろうか。仏教と共にわれわれ日本人の心を養ってきた神道は、祟りをなす神々と福をもたらす神々が共存するとの理解から、形而上学的な悪の議論をほとんどしない。もちろん、神道でも悪は退けられねばならないのだが、悪も一種の生命力の発現であって、人間でも並外れた破壊力をもつ者が尊ばれことがあり（例えば悪源太、悪七兵衛など）、猛威をふるって祟りをなす「荒ぶる神」や、災いをもたらす厄病神も、七福神の善神や家内安全の守護神と一緒に神社に祭られる[3]。そんなわけで、万物自然のなかに神々をみる日本の神道は、禊ぎやお祓い、つまり浄めの手続きを踏むことで人間的不幸や自然災害という穢れを払い、神の怒りを蒙らないように祭儀を怠らない[4]。神道は悩みや苦しみのない状態、完全な善がこの世界にあるとは考えず、悪神、善神の両者にゆるやかな距離をもって適度に付き合い、悪の起源や存在理由の議論にはほとんど無関心と言っていい。

さてキリスト教である。キリスト教は、自然も人間も有限で不完全であること、そして悪が人間の心の根本に根ざすという理解をもつ点では、神道よりも明らかに仏教に近く、悪とは何か、なぜ悪が存在するのかの問題と古くから格闘してきた。しかし、「悪」（Malus, Evil）の問題は古くからキリスト教のアキレス腱と言われてきた[5]。というのは、キリスト教は唯一神教であって、その神は善（benevolent）にして全知全能（omnipotentia）、世界の創造主と考えるからである。もし神がそのように全能で善なる創造

---

3) これは多神教の特徴で、例えばインドネシアの「神の島」バリには悪霊神（カオン）もいれば、善なる精霊神もいるといった具合で、疫病や災害といった悪が生じるのは悪神の働きによるとされる。See David Parkin, ed., *The Anthropology of Evil,* Basil Blackwell, 1985.
4) 上田賢治「神道と生活拠点」小野泰博他編『日本宗教事典』弘文堂、1994年、192頁。
5) 'evil' in Paul Barry Clarke & Andrew Linzey eds., *Dictionary of Ethics, Theology and Society,* Routledge, 1996, pp.345-356.

主ならば、いったい世界の悪はどこから生じてきたかが当然問われる。聖書には「神はお造りになったすべてのものをご覧になった。みよ、それは極めて良かった」（創世記1章31節）とあって、もし神が万物を「良い」存在として創造したのであれば、悪はどこにもありえないはずである。ところがこの世にはわれわれ人間を脅かす多くの悪がある。とりわけ現代においては平和を脅かす多くの苦しみ——戦争、差別、貧困、飢餓、環境汚染など——がいっそう醜悪な姿をさらけ出し、キリスト教の全知全能、善にして絶対的な神という考え方を反駁してやまない。言い換えれば、悪があるということはキリスト教に対する根本的な挑戦であり、神のイデアそのものの矛盾を曝け出すのである。キリスト教の神学者はこの問題にずっと頭を悩ませてきた[6]。「神も仏もあるものか！」と不運な目にあった人は嘆く。もし神が本当にいるなら、不幸を世界から一掃してもくれていいはずだ。神が悪を好まず、悪を滅ぼす力をもっているのなら、なぜそうしてくれないのか？　ひょっとすると、神は善でもないし悪を滅ぼす力もないのではないか。

　イギリスの神学者ジョン・ヒックによれば、西洋世界で神と悪をめぐる問題と最初に格闘したのはギリシャの哲学者たちであった[7]。その一人、エピキュロス（紀元前341-270年）はこう論じた——もし神が本当に存在するなら、①当然、神は悪を取り除こうと欲するにちがいない。神は善なる性格をもつからである。ところが実際には悪はいたる処にあって、殺人もあれば飢えもある。ということは、神は悪の排除を欲しながら、それができないでいる。これでは神は全能ではないことになって、神とは言えなくなる。②神は悪を除去する力はあるが、そうしようとは欲しないのかもしれない。だが、人々が苦しんでいるのに指一本動かさない神は悪意的ということになるから、そんな神は神とは呼べない。③神は悪の除去を欲しも

---

[6]　キリスト教は悪を「神義論」（theodicy）、つまり「神は義しいか」という問題として議論してきた。

[7]　John Nick, *Evil and the God of Love,* Harper & Row,1978, p.5.
　なお、ヒックの神論をめぐる議論については、ジョン・ヒック著、間瀬啓允、稲垣久和訳『宗教の哲学』（勁草書房、1994年）などを参照のこと。

しないし、除去する力もない。とすれば、神は悪意的かつ無能ということになり、これも全能で善の神という考え方に反して、神は神でなくなってしまう。④神は悪の除去を欲するし、実際、悪を除去する力ももっている。これならば神は善にして全能の神である。ではなぜ神はそうしないのか？

こうして神と悪をめぐる論議は袋小路に突き当る。この議論の前提になっているのは、すでに触れたように「善にして全能」というギリシャ的な神観である。キリスト教は誕生後、地中海世界を支配していたギリシャ・ローマの文化と融け合いながら発展した。つまり、今日のパレスチナ地方で成立したキリスト教は、ユダヤ教がもっている本来のヘブライ的思想に、ギリシャの哲学や神学を取り入れながらイエス・キリストの神を説明するようになったのである。当然、そこではギリシャ人たちの「善にして全能」という神観念が基本になっているから、エピキュロスが論じたようなディレンマを抱え込んだ。こうしてパウロ、アウグスティヌス、アクイナスから今日のキリスト教神学者や宗教哲学者、倫理学者に至るまで、様々に頭をひねらせることになったのである。

1 悪の存在理由を解く試み

世界に悪があるのはなぜか。人間はどうして苦しまねばならないのか。とりわけ罪もない人々が不幸のどん底に落ち込んでしまう理由はどこにあるのか。旧約聖書に登場するヨブは実に正しい人で、情けもある有徳の士であったにもかかわらず、突然あらゆる苦しみに投げ込まれた。そんな疑問に答えようと、キリスト教の歴代の神学者は次のように説明を試みてきた。

（1）実は悪は実体としては存在しない。すべては幻想で、心の思い込みである。物事はそのままでは悪でも善でもなく、出来事を「悪」と判定するのは人間の心である。「善も悪もない。ただわれわれの思いがそうさせるのだ」と、シェイクスピアが『ハムレット』（Ⅱ, ii）のなかで、ハムレットの口を通して友人ローゼンクランツに言わせているが、人は「苦しいと思うから苦しい」「辛いと思うから辛くなる」のであって、不幸は個人の

主観的判断にすぎない。悪は「思いこみ」(古代ストア派)、「実体なきもの」(クリスチャン・サイエンス) であって、すべては心のもち方次第である。善悪を分けるのは人間の恣意的判断にすぎず、悪も善も互いを前提とした相対的なものであって、乗り越えられるべきは、こうした区別なのである。──ニーチェの『善悪をこえて』、アルチュセールの構造主義哲学、現代のポストモダン思想、日本では心理学者岸田秀の「幻心論」あたりがこれに入るかもしれない。しかし悪は「心のもちかた」であって、悪があると思うから悪が存在するといった論理で万人を納得させることはできない。

次に (2) 悪の存在をひとまず認めた上で、それは「コップの中の嵐にすぎない」とする「遠望主義」(Perspectivism) という解決方法がある。雄大な宇宙や神の永遠の相のもとで見れば、この世の悪など芥子粒にすぎないという論理で、これにはギリシャのプラトン主義やネオ・プラトン主義、中世キリスト教の神学者トマス・アクィナスの「永世の哲学」(philosophia perennis)、スピノザ、ライプニッツのモナド論などが含まれる。ライプニッツの有名なモナド論によると、今ある世の中は過去の出来事の頂点、最高に発展した歴史の終わりであって、神の目からみても、他に可能性がないほどに善的である。[8] たとえ悪がまだ残っているにしても、やがて善へと統合されていくというのだが、しかしこれはあまりに楽観的で、全ての人を納得させることはむずかしい。

そこで登場したのが (3)「必要悪」としての悪という見方である。これには二つの議論の流れがあった。ひとつは主にキリスト教の神論に関わるもので、神の善の引き立て役として悪を容認するという考え方である。悪があるから善があるのであって、不完全さや悪がなければ、完全で善という神もない。だから悪は完全な善という神のイデアのためにはどうしても存在しなければならない。神の善が地上に現れるためには、世界も人間も不完全な存在でなければならず、悪があるからこそ善の神が求められるというわけだが、しかしこれでは、神が自分の善を満たすために人間に苦し

---

[8] ライプニッツのモナド論は予定調和的である。「モナドロジー」の項 (『ライプニッツ著作集』第9巻「後期哲学」(西谷裕作他訳、工作舎、1989年) のモナドロジーの項を参照せよ。

みを与えることになって、神概念が貧困化してしまう。アウシュヴィッツや広島・長崎の悲劇も、地震や自然災害も、不幸のすべては神が起こしたことにもなりかねず、キリスト教が説く「愛の神」という概念からも大きく逸脱してしまうので、これも採用することは難しい。

　もうひとつ、悪は人の成長の手段であるという、今度は神ではなく人間のほうに焦点を当てたロジックがある。悪はいわば人間のための「必要悪」である。これは悪がなければ善はないという点では先の議論と同じながら、人間が善悪の区別を知って成熟するために、悪を神が備えた「魂を鍛える」手段として見る仕方で、現代でも最もポピュラーな悪の説明のひとつである。個人の不幸や世間の苦しみは神から与えられた「試練」であり、人はそうした悪を経験することで真の神と出合い、魂を鍛えあげる。「人は苦しみつつ成長し、人間的に成熟する」「人は苦難のなかで神との関係に目覚める」。悪を人間の「教育」(pedagogy) 手段、神への目覚めのチャンスとするこの考え方は、今日でもキリスト教教会の説教（例えば「苦難の意義」「苦しみを通して信仰へ」など）に顕著である。

　しかし人間が成長できなかったらどうなるのか。魂の成長を促すことなど到底不可能なほど苦しみが大きかったらどうだろう。生きる勇気を失うほどに人の絶望が深かったら、どうなるのか。不正義や不当な仕打ちを神の試練だから我慢せよと強いるなら、不正義を甘受して不当な抑圧をあきらめることにもなりかねない。天国や来世に期待するだけの諦念主義に陥って、現実から目をそらせることになるなら、それこそ「宗教は阿片である」（マルクス）。神に出会うための試練、人間的成長への教育的手段としての悪の説明は、説得的ではあるものの、神が巨悪を、しかもいたるところに許容するのかをうまく説明したことにはならない。

　そうした欠陥を最終的に補ったのが（4）「悪は人間の行いから生じたもので、神に責任はない」という論理である。つまり、悪を、神の善性や全能性の議論からひとまず切り離す考え方で、これをアダムの原罪主義と呼ぶ。旧約聖書の神話によれば、アダムは神の戒めを破って「善悪の知識の木」（創世記2章9節）から取って食べ、これによって人類は知を得たものの堕落し、悪がはびこるようになった。つまり「一人の人によって罪が

世に入り、罪によって死が入り込んだ」(ローマ5章12節)のである。

　人間の行為によって世界に世に悪が生じたとする、このパウロの罪理解を引き継いだアウグスティヌスは、善悪を自分で選択する自由な存在として人間を物語った(『意志の自由選択について』)。人類の祖先、アダムとイヴには悪の誘惑に負けないという選択の自由もあったが、結局、かれらは悪のほうを選びとった。その結果、人類は堕落して、ますます悪に赴く性格を強め、もはや自分で自分を救うことができなくなった。それを救済するためにこそイエスキリストの贖罪死があり、神の恩寵なしには人は善をなすことができないのである。「悪は神によってではなく、人間行為によって生じた」とするこのパウロ＝アウグスティヌス的人間観は、善悪の選択を人間の自由意志に委ね、根本的な罪がイエス・キリストの贖罪死によって贖われているものの、しかし人間は相変わらず罪を犯し続け、そこに悔い改めが必要になる。人間には善悪を選びとる自由があり、その結果、悪が生じたとしてもそれは人間個人が責任を負うのである。こうして悪は究極的には人間の実存(ないし主体)の問題であるという理解が、長く西洋キリスト教世界の道徳、倫理、法の基礎になった。「もし人間に自由な意思というものがなかったなら、賞罰で報いることは不当である」(アウグスティヌス『意志の自由選択について』Ⅱ.Ⅰ.7)。世俗化が急速に進展して、一見、宗教とは関係ないように映る現代西洋の道徳観、法規範の根底を支えているのは、実はこの個人の選択責任という考え方であって、アウグスティヌスからカントを経て現代の法思想に通奏低音として響き渡っている。[9]

　このような悪の個人的責任性という見方に拍車をかけたのが、18世紀の啓蒙主義以降の近代のキリスト教である。ルターの宗教改革以後、勃興する市民層の間で広まったプロテスタンティズムは人格主義を掲げて、悪を、個人道徳や倫理領域において取り扱った。すなわち、宗教学者ポール・リクールが『人間、この過ちやすきもの』や『悪の象徴系』で鮮やかに分析したように、人間は本来的に悪へと傾斜する存在であって、悪は自然世

---

9) Clarke & Linzey, *Dictionary of Ethics*, p.351.

界にはなく個人に責任があるという理解が、近代市民社会の個人主義と相乗して広くヨーロッパに普及した。こうして悪の起源を人間の心に求めるアウグスティヌス以来の理解は、人間の主体性を尊重するデカルトやカントの「主観性の哲学」へと姿を変えて発展した。悪への対処を人格陶冶にもとめる思想は、日本でも旧制高校の新カント主義の道徳や教養理念、大正時代のキリスト教主義学校の「人格教育」の強調として花開くことになるのである。

2 現代における「悪」理解の転換

ところが、こうした人格主義的理解を超えて、20世紀後半、悪の新しい解釈がエキュメニカルなキリスト教世界に立ち表れるようになった。それが悪の政治社会的解釈、いわゆる「構造悪」(structural evils)のパラダイムで、これによって悪の理解には、個人道徳や人格だけでなく、政治や経済、社会、文化が孕む構造的面にも光が当てられるようになった。60年代半ば、アメリカではヴェトナム戦争をきっかけにして、またヨーロッパではユダヤ人のホロコーストや広島・長崎への原爆投下などに反省が加えられるようになり、ジェノサイド、核戦争、総力戦、戦争経済、軍産学協同など、個人道徳では解決できない政治社会的なシステム下における巨大な悪の現実が問題とされるようになったのである。

例えば日本に投下された原爆を例にとってみよう。アメリカによる原子爆弾の投下は、ナチズムによるホロコーストと並ぶ20世紀最大の殺戮事件であった。それは同時に、個人の善悪の選択をはるかに超えた近代総力戦の仕組み、つまり軍・産・学協同が複雑に絡んだシステムの悪をまざまざと見せつけることになった。原子爆弾を広島・長崎に落とした直接的な当事者は投下ボタンを押した爆撃機の操縦士である。では彼らが全責任を負うべきかといえば、そうではなく、下士官である操縦士は上官の命令に従ったまでである。では投下命令を下した直属上官、あるいは戦闘指揮に当たった将校団が非難されるべきかというと、かれらは作戦上、最も効果ある最強兵器を活用しただけだったと抗弁するにちがいない。味方の犠牲

を最小限に抑えつつ、敵に最大の軍事的打撃を与えることは戦術のかなめだからである。それでは原爆という未曾有の兵器を開発した科学者や技術者集団、また開発に携わって施設・資材・輸送のバック・アップをした企業主に責任があるかといえば、企業家は自分たちは政府に協力を依頼されたまでで、原爆を実際に使用するか否かは国策問題であると答える。またマンハッタン計画を立案した政府の官僚が責任を負うかといえば、かれらも自分たちは原爆投下にゴーサインを出した大統領に従ったまでと論じるにちがいない。では大統領が原爆投下に責任あるかと言えば、トルーマン大統領は、原爆投下は戦争を早期に終結させたいという国民の願いに沿ったものであると弁じて、生涯、広島や長崎市民に謝罪する意思をもたなかった。

　トルーマン大統領は家庭では良き夫であり、原爆製造にかかわった科学者も企業家も、政府の役人も軍関係者も、それぞれ良き社会人、家庭に帰れば良き夫であり父であった。つまり、どういうことかといえば、現代世界が抱える悪は、もはや従来のような個人主義的理解（個人の主体的信念、倫理、責任応答性、人格の陶冶）では処理しきれないということ、それを超え出て官僚的合理主義、制度悪、国家システムの政治問題として考えていかねばならないことが明らかになったのである。こうして個人が善悪のいずれかを自由意志によって選択して、かつその結果には個人が全面的に責任を負う、という伝統的な倫理、パウロやアウグスティヌスの信仰、カントの主観性の道徳とは別次元のパラダイム、構造悪の政治的解決が課題として浮かび上がったのである。

　現代が抱えた構造悪に、第二次大戦後、いち早く気づいた一人は政治学者のハンナ・アーレントである。アーレントは『エルサレムのアイヒマン』（1976）の中で、ユダヤ人の大量虐殺の張本人として告発された元ドイツ人将校、アイヒマンの裁判を傍聴し、アイヒマンがとくに残虐な悪魔的性格の人間ではなく、どこにでもいるタイプの人間だったことに衝撃を受けた。命令されたことを日々能率的にこなすだけのアイヒマンに、もし罪があるとすれば、それは、自分のしていることの結果を考えない「無思慮」（thoughtlessness）という罪であって、無思慮な人間が増殖すること

が世界に大きな悲劇を作り出す。それを知ったアーレントは「歴史の想起」、すなわち悲劇を忘れずに常に記憶にとどめるトレーニングを提唱した。これは悪の起源を人間の「思慮の欠如」や「主体の無さ」とみる点では、伝統的な西洋思想一般、アウグスティヌス＝カント的な主観性の延長上にあるものの、構造的悪の理解に道を開いた点で注目される。こうして第二次大戦後では、無思慮の罪は、無関心でいることが差別や戦争を生むといった論理に発展して、日本を含め、世界中で平和運動や人権啓発活動のなかで盛んに用いられるようになった。[10]

　構造悪という存在を承認する一人でキリスト教倫理学者のポール・クラークは、現代においては特に政治的な合理制度が悪となるケースが多々ある点を指摘し、これを「行政悪」（Administrative Evil）と名づけた。[11] 個人の意志を越えた悪が合理的で合法的なシステムとして出来上がってしまった、というのである。例えば、原爆の話を先にしたので、その関連で例をあげれば、米ソ冷戦時代の核開発競争がそうである。アメリカもソヴィエトも、核の保持が戦争を抑止するとの理由をもとに核爆弾とミサイルの開発に奔走した。「悪をもって悪を制する」という一種の合理主義に基づいた考え方だったが、しかしそれは一歩間違えば、人類全体を滅ぼしかねない危険性を内蔵していた。

　もし個人の道徳や意志が、出来上がった構造的悪の前に無力であるなら、個人の責任が免除されて、結局、「無責任の体系」になるのではないか。クラークはそれに応えて、社会構造に主要な悪の起源を認めつつも、そのシステム内で大きな政策決定の権限をもつ者は、他者にも増して責任があると結論した。「ある個人が、悪の原理を内包する政策に疑問をもちながらも、これを積極的に阻止しないままなら、それが生み出す悪の結果については、彼もまたアウグスティヌス＝カント的な意味で責任がある」[12]。つまり、悪の現実は人間の個人的結果であると同時に政治構造的にも起源を

---

10) しかしこれもどちらかといえば、個人の倫理や道徳に焦点が偏りがちで、政治社会的な構造悪が見えにくいと指摘する識者もいる。*Ibid.*, p.353.
11) See Paul Barry Clarke, *The Autonomy of Politics,* Avebury, 1988.
12) *Ibid.*

もち、それゆえ政治家や政府の上級官僚は、政策を実施する末端の公務員よりもいっそう責任が重いというのである。このことはもちろん末端の地方公務員や国家公務員の責任を免除するものではなく、責任は上級者にいけばいくほどに強い。つまり、クラークは、「あの場はそうする以外にしかたなかった」とか「皆がそうだった」という責任回避の言い訳を許そうとしないのである。こうした立場からすれば、原爆投下の命令をしたトルーマン大統領には明らかに戦争責任があり、他方、日本のほうでも「一億総懺悔」（賀川豊彦）ではなく、開戦を決定して真珠湾攻撃を裁可した昭和天皇に責任があることになる。少なくとも兵卒よりも責任は大きいわけだが、こうした問題で浮上するのが政治のありかた、とりわけ悪の行使に歯止めをかけることが期待される民主主義の制度である。

3 民主主義は悪を阻止できるか

冒頭で、世界には巨大な悪が存在するが、だからといってそれを傍観しているのではなく、あらゆる政治的な手段を駆使して悪を阻止する努力をしなければならない、そのことをニーバーの著作から学んだと述べたオバマ現アメリカ大統領（発言当時は民主党大統領候補）のコメントを引用した。ラインホルド・ニーバーは20世紀屈指のアメリカ人神学者である。その彼は民主主義という政治システムについて、「人間が抱く正義を望む能力が民主主義を可能にする」と述べ、「不正義に傾きがちな人間の性質が民主主義を必要にする」と言葉を継いだ[13]。つまり、人間というのは正義や友愛、相互扶助の気高い精神をもつ半面、自己利益を計るエゴイズム、悪に走る性癖を生得的に有しており、このためにこそ民主主義という政治システムが不可欠になると論じたのである。

「民主主義」はギリシャ語の「デモス」（民衆）と「クラティア」（支配）とを繋げた言葉で、日本では大正デモクラシーの高揚した時代、主権在民を唱えた吉野作造の「民本主義」が歴史上では有名で教科書にも登場する。

---

13) ラインホルド・ニーバー著、武田清子訳『光の子と闇の子――デモクラシーの批判と擁護』（聖学院大学出版会、1994年）を参照せよ。

加えて第二次大戦後は日本もいっそう「民主主義」化され、朝鮮民主主義人民共和国やドイツ民主主義共和国というように、民主主義を国名に冠する国も多く誕生し、20世紀では民主主義が当然という観があった。だが、民主主義に対する批判も多い。民主主義は形態に整理して論じることができるが、そのひとつに直接民主主義と間接民主主義（または代表民主主義）という区別がある。直接民主主義は理念上、すべての市民が政治決定に直接参与する方式で、古代都市国家のアテネ、ニューイングランドの清教徒、スイス各州、また最近ではハンガリーのインターネット民主党などが代表的な例として知られている。他方、間接民主主義は、選挙を通して代議員を選んで議会に送り出し、それら議員の手に政治を負託する仕方で、現在、国家の多くがこうした議会制民主主義を採用しているのは周知のとおりである。この政治システム下では、通常、複数の政党が市民に支持を求めて選挙戦を展開し、多数を獲得することで「支配の正統性」（ウェーバー）を確立する。言うまでもなく日本は戦前から議会制民主主義の政体を維持してきた。

　今日でこそ民主主義は当たり前になったものの、古代ギリシャのプラトンの時代から、民主政治は衆愚政治に堕するという批判が絶えなかった。キリスト教の歴史においてもアウグスティヌスやトマス・アクィナスなどの神学者は民主主義を最上の政治スタイルとは考えず、自然法に依拠した賢者や有徳の士、貴族や王が支配することのほうを妥当とし、大衆の手に直接支配を委ねることにはきわめて消極的だった。思慮分別が未熟な大衆に政治を委ねると弊害が多いと考えたからである。民主主義が普及した20世紀でも、政治に参加するためには一定の資格が必要で、財産保持者や男性だけに選挙権が制限された時代もあった。女性の参政権が認められるようになったのはニュージーランドを除けば、すべて20世紀になってからだし、日本の女性の国政参加も第二次大戦後にようやく実現した。

　さて悪の問題に戻れば、これまで政治上の悪を挫くという民主主義の機能には大きく分けて、二つの相対立する意見があった[14]。ひとつはジェーム

14）Democracy, in Clarke and Linzey eds., *Dictionary of Ethics,* pp. 226-230.

ズ・ミル、ジョセフ・シュンペーターなどによる、民主主義のチェック機能に焦点を当てた解釈であり、もうひとつはジョン・スチューアート・ミルに典型的な、積極的な市民参加と自治の機会として捉える仕方である。前者の主なポイントは、民主政治が貴族政治や王権政治などの寡頭主義より優れているのは、それが誤った政策にブレーキをかけ、政策に満足いかない場合、市民が選挙によって修正できる点に利点がある、というものである。これは基本的には独裁者の排除という消極的役割が土台になっていて、冒頭に引用したニーバーの言葉の「不正義に傾く人間の悪的性格」に歯止めをかけることが民主主義の働きになる。「もし人間が天使であれば、政府など必要ない」とアメリカ第二代大統領J・マジソンがいみじくも言ったように、人間は自己利益のためとあれば力でもって他者を圧迫する、人間は放っておくと悪に走るというアウグスティヌス的な悲観的キリスト教人間観がそこにある。

　他方、ニーバーの前半分の言葉、正義を望む人間的能力が民主主義を可能にするというのは、市民参加を容易にし、自治、友愛、協同の理想を集団的に実現するという民主主義の積極性を余すところなく言い表している。この点からすれば、民主主義は多数者の意思を反映し、その利益のために活動するという前向きな機会になる。ニーバーの僚友、神学者のパウロ・ティリッヒが論じた民主主義の理解はこれで、ティリッヒは、人々が聖霊によって各人の「カリスマ」（能力）を発揮し、愛、自由、平等のキリスト教的美徳を実現する制度として民主主義を高く評価した。[15] ただしティリッヒの場合でも、中間公理として民主主義を讃えたまでで、民主主義そのものが「神の国」の究極的形式であるとまでは言っていないことは注意を要する。宗教社会主義者だったティリッヒは、ヒトラーが合法的に、すなわち「ドイツ国民の総意」として政権を掌握した苦い悪の記憶を忘れていなかったのである。

　民主主義という政治スタイルが、市民の総意を無視した独裁者や権力の濫用に、一定の歯止めをかけることは確かである。人々が非民主的である

---

15) Paul Tillich, Democratic institutions,and the Kingdom of God, *Systematic Theology* III, in Tillich, *Systematic Theology*, pp.264,347,385-86, 389.

よりも民主的政治を好むのは、指導者としてふさわしくない人物をいつでも放逐できる可能性に道を開くからである。しかし市民の多数意見が常に正しいとはかぎらない。19世紀に多くの市民国家が誕生して以来、民主主義を採りながらも、政府の指導者や議会がポピュリズムに動かされ、政策を誤って悪を生み出した例は枚挙にいとまがない。そこからシュンペーターのように、大衆が理性的に判断をすることは稀で、大衆参加型の民主主義は大衆独裁の悪に通じるという否定的解釈も少なからぬ支持を集めた。宗教改革者ジャン・カルヴァンの指導下にあったジュネーブ議会は市民の合法的承認を得て、反対者に異端の烙印を押して追放した。それと同じように、現代の民主的な国家も、いつ何どき、国民多数の意思として少数者への迫害に転じないとも限らない。大衆の「愚行」に歯止めをかけるためには、選良（エリート）による理性的判断が欠かせないと論じる大衆批判の論客は日本にも少なくない。現在、民主主義は原理上、グローバル・スタンダードとして受容されているものの、世界の国々が民主的であるかというとそうではなく、貧富の格差拡大、ナショナリズムの高揚、多発する民族紛争、宗教原理主義の興隆など、民主主義を根底から揺さぶる各種の要因が顕在化しており、民主主義が根を下ろすためには、なお困難が予想されるのである。

おわりに——現代のキリスト教と悪の克服

　以上、悪の理解の宗教的諸説を概観し、あわせて民主主義における悪のチェック機能について考察してきた。結論的に言えるのは、悪は個人と構造の双方に起源をもち、制度内で裁量権が大きければ大きいほど、個人は結果の悪について責任を増すということ、そして民主主義が健全に機能して悪を防止するためにはなお多くの工夫が必要であるということである。キリスト教は従来、悪の出所を個人の魂、内面的精神（自律的な悪）に由来するとして、アウグスティヌス以来、「自然的悪」（natural evil）の存

---

16) 一方では外から個人の魂に働きかける「他律的な悪」（heteronomous evil）にも気がついており、そうした存在は聖書的には「サタン」「悪魔」「誘惑者」など、人間外の

在を認めず、悪の起源を人間の主体に求めてきた。しかしこれまで観てきたように、そこでは、個人の主観領域では悪意を自覚しなくとも、社会経済上に抑圧を生じさせる場合があるという理解が充分ではなかった。ポストモダン時代に入ったと言われる今日、個人の意識がますます希薄になる一方、構造的な悪がいっそう深刻になっている。このとき、プラトン、アウグスティヌス、デカルト、カントの人格的悪の伝統的理解が、ギリシャ的な神理解（神の不受苦、全能、絶対のコンセプト）と共に挑戦に晒されている。ポストモダンに突入した西洋世界には、ニーチェが提唱したような、悪を相対化した「神なき時代」の選択しかないとすれば、それは実に悲しいことである。まずもってキリスト教はアウグスティヌス（そしてルター、カルヴァン）が展開した過度に悲観的な人間論を修正していかねばならない。また近代のプロテスタント神学がしたように悪や罪を個人の領域に押しとどめておかずに、社会経済的関係において理解していくことも必要である。ユダヤ・キリスト教の未来はそこに懸かるといっても過言ではなく、現代においては悪の理解は、個人内面的ばかりでなく社会的でもある。

　言い換えれば、キリスト教には実存的な悪の理解だけではなく、社会的是正への貢献が求められている。こうした構造悪に関する洞察の深まりによって、最近のキリスト教神学や倫理学は、実存的悪の問題だけではなく、社会的悪の克服をめざして、経済・政治・文化制度の変革を求めるようになった。カトリック教会の第二バチカン公会議（62-65年）はその良い例である。数々の平和憲章や社会回勅のなかで、個人の救済から共同体の救済へとウィングを広げ、個人による慈善活動だけではなく、貧困、環境汚染、格差や差別問題といった構造的悪に対する正義と公平を求めてきた。第二バチカン公会議は、62年から65年にかけて全世界の司教を集めて開催され、16の憲章・教令・宣言が出されたが、公会議はカトリック教会がそのあり方をめぐって転換するときに開かれる重要な会議であった。公会議は、個人の救霊から共同体の救いへ、これまでの慈善や施しではなく、貧

　　象徴によって表わされている。Clarke & Linzey, *Dictionary of Ethics,* p351. またポール・リクール著、植島啓司他訳『悪のシンボリズム』（渓声社、1977年）を参照せよ。

困や南北問題など構造悪に対する社会的正義を求めたのである。そうしたカトリックの改革運動のなかで特に注目されたのが、1960年代末、ラテンアメリカのカトリック教会から誕生した「解放の神学」だった。ラテンアメリカの神学者は、貧しい農民の側に立つことを決意して、あらためて宗教が果たす社会的解放性に着目した。キリスト教の聖書には社会的解放の出来事が数多く綴られており、旧約では神ヤハウェが隷属の民イスラエルをファラオから解き放った出エジプト物語が著名である。また同じ旧約には亡国のイスラエルが捕囚地バビロンから自由になった物語もあれば、マケドニアの侵攻にイスラエルが果敢に戦ったという民族の解放史も綴られている。さらに新約に眼を向ければ、イエスが罪人階層に「神の国」の平和を告げたという物語も語られている。いや、解放の主題はなにも聖書だけではなく、ローマ帝国下のキリスト教迫害史、中世ヨーロッパ農奴の叛乱、ラテンアメリカの先住インディオや、北アメリカの黒人奴隷によっても等しく抑圧からの解放が語り継がれ、それが悪の克服への強かな根拠になった。解放神学者によれば、そうした意味ではキリスト教は社会的救済の宗教である。

　他方、プロテスタント世界でも人種問題に取り組む黒人神学、ジェンダーや女性差別を論じるフェミニスト神学などが勃興した。すなわち悪を産み出す経済・政治・文化システムの廃絶を求めることが神学的な応答となり、「新植民地主義」の政治経済システム（解放神学やポストコロニアル神学）、「差別」の文化の克服（黒人神学、フェミニスト神学）などに神学的な焦点が当てられた。人類世界の救済を掲げる諸宗教は「解放」をキーワードのひとつにする。無論、一口に解放と言ってもそこに含まれる意味はさまざまで、欲望や煩悩からの解放、呪術や迷信からの解放、肉体や自我からの解放と多様に解釈されてきた。そんな中で、70年代からのプロテスタント世界で注目を集めたのは、抑圧からの解放という社会性をもつ救済の概念だった。フェミニスト神学、ウーマニスト神学、黒人神学、民衆神学、反アパルトヘイト神学など、そうした言説はアジア、アフリカ、北アメリカとコンテクストは異なるものの、マイノリティの尊厳の回復をめざし、キリスト教を抑圧された者の視点から再読し、政治、社会、経済、人種、

民族の幾重にも重なる抑圧に抗して神の平和を告知する言説になろうと、今日も努めているのである。

【参考文献】

ハンナ・アーレント著、大久保和郎訳『イェルサレムのアイヒマン――悪の陳腐さについての報告』みすず書房、1969年。
ハンナ・アーレント著、佐藤和夫訳『責任表示――精神の生活』岩波書店、1994年。
アウグスティヌス著、服部英次郎訳『神の国』全5冊、岩波文庫、1999年。
伊藤益『親鸞――悪の思想』集英社新書、2001年。
イマニュエル・カント著、宇都宮芳明訳『道徳形而上学の基礎づけ』以文社、1989年。
ルネ・デカルト著、落合太郎訳『方法序説』岩波書店、1967年。
長谷川三千子『民主主義とは何なのか』文春新書、2001年。
ラインホルド・ニーバー著、武田清子訳『光の子と闇の子――デモクラシーの批判と擁護』聖学院大学出版会、1994年。
ジョン・ヒック著、間瀬啓允・稲垣久和訳『宗教の哲学』勁草書房、1994年。
M・フィンリー著、柴田平三郎訳『民主主義――古代と現代』講談社、2007年。
森政稔『変貌する民主主義』ちくま新書、2008年。
ポール・リクール著、久重忠夫訳『人間、この過ちやすきもの』以文社、1978年。
――――著、植島啓司他訳『悪のシンボリズム』渓声社、1977年。
Paul Barry Clarke, Beyond the Banality of Evil, *British Journal of Political Science*, 10, 1980, pp.417-439.
Paul Barry Clarke & Andrew Linzey eds., *Dictionary of Ethics*, Theology and Society, Routledge, 1996.
Gordon Graham, *Evil & Christian Ethics*, Cambridge University Press, 2000.
John Hick, *Evil and the God of Love*, Macmillan, 1985.
Richard Worsley, *Human Freedom and the Logic of Evil: Prolegomenon to a Christian Theology of Evil*, Palgrave Macmillan, 1996.

第6章　パスカルにおける人間の尊厳

山上浩嗣

はじめに

　長短さまざまな断章からなる『パンセ』は、著者パスカルが生前に準備していた『キリスト教護教論』の草稿を含む遺稿集である。つまり、おのおのの断章は、彼が生き続けていれば完成したであろう論述の一部をなしていた可能性があり、したがって、いくつかの断章の間にはなんらかの連続性を想定することができる。そのかぎりにおいて、それらを格言のようにして独立に解釈するだけでは、著者がそこに込めた意図を読み誤ることになりかねない。もちろん作品が自由に解釈されることに、著者でもないこの私が異議を唱える理由はないし、『パンセ』の魅力の少なくとも一部が、多くの箴言めいた短文から構成されている点にあることはまちがいない。しかし、この作品のなかにある隠れた一貫性が明らかになったとき、個々の断章が、個別に眺められていたときとは異なった思いがけない光を放つことがある。
　このことをとりわけ強く感じるのは、『パンセ』のなかでもっとも有名な次の一節を、同書でパスカルが行っている別の主張との関連で読み直すときである。

　人間は一本の葦にすぎない。自然のなかでもっとも弱いものである。だがそれは考える葦である。これをおしつぶすのに、宇宙全体が武装するにはおよばない。ひとつの蒸気、一滴の水があれば殺すことができる。

> だが、たとえ宇宙が人間をおしつぶしたとしても、人間は彼を殺す当のものよりもずっと気高い。なぜなら彼は自分が死ぬことを知っており、宇宙が彼に対してもつ優位を知っているからだ。宇宙はそんなことをまったく知らない。（S231-B347）[1]

人間は「考える葦」であり、人間が人間たるゆえんはその「思考」の行使にある。これは一見したところ、人間の究極の幸福を知性による観照的な生活に認めるアリストテレスや、人間の理性を真理探究のための万能の道具とみなすデカルトの主張と軌を一にした、少し気の利いた人間への讃辞ととらえられるかもしれない。現にパスカルは、これに続いて、「だから、われわれの尊厳のすべては思考にある」と宣言している（S232-B347）。

だが、なぜ思考が人間の「尊厳」（dignité）となるのか、ここでの「思考」とはなにについて考えることなのか、また、それを考えることで人間はどうなるのか、といった疑問に、この一節は答えてくれない。この点が明らかになったとき、この断章に対する上のような楽観的な印象は一変する。以下では、この「人間の尊厳」に関する議論を、「気晴らし」と「賭け」という『パンセ』の主要な主題に関する論述と照らし合わせて検討することで、パスカルの真意を汲み取ってみよう。

1　「思考」と「気晴らし」

まず、パスカルが「人間の尊厳は思考にある」と言うとき、これが規範的な命題であって、事実確認的な命題ではないことに注意しよう。同じ断章で彼は、「よく考えることに努めよう。これこそが道徳の原理である」と表明している。実のところ、人間の尊厳は「思考」そのものにあるのではない。「考える葦」と題された別の断章にはこうある。

> 私が自分の尊厳を求めなければならないのは、決して空間によってでは

---

[1]　本章末尾の「引用凡例」を参照のこと。

なく、私の思考の調整によってである。私は、多くの土地を所有したところでなんら優位をもつことにはならない。宇宙は私を空間によって包みこみ、一点のように飲みこむ。私は宇宙を思考によって包みこむ。[2]（S145-B348）

「思考の調整（règlement）」とは、思考を正しく導くこと、思考を正しい秩序に従わせることである[3]。パスカルは、あくまでも思考の能力の正しい行使を、「道徳」あるいは義務として求めているのである[4]。ここでは、人間がそのような義務を怠っているという認識が示唆されている[5]。なお、「土地の所有」とは世俗的な権力一般への執着を意味するだろう。パスカルは、他者に対して優位に立ちたいという欲望を断罪している[6]。「よく考えること」とは、少なくともそのような欲望の満足のための方策を考えることではない。

一方、パスカルにとって人間が「偉大」なのは、「自分が悲惨であることを知っている」（S146-B397）からであり、「気高い」のは、「自分が死ぬことを知っている」（S231-B347）からである。人間にとって悲惨なこととは、自分がいつか死んでしまうという事実にほかならない[7]。人間の尊

---

2) パスカルの手稿原稿では、「の調整」« du règlement » という語句は推敲の際にわざわざ付加されている（前田：134）。
3) Furetière は、「調整する」（régler）を次のように定義している。« Ordonner, faire des règlements pour maintenir les choses dans l'ordre. »
4) 「尊厳」（dignité）という語にそもそも「義務」の含意がある。その語源である dignitas、dignus の語根である dec- は、「〜にふさわしい」「〜に適合する」という意味をもつ。dignitas はもともと、「ある状況に置かれた人物の適切な（convenable）行為」あるいは、「ある行為とそれを遂行する人物の個性との、またはそれが置かれた状況に対する完全なる適合性（convenance）」を指示した。dignitas は、①行動（action）、②ある存在の性質（qualité）、③義務（devoirs）の交錯点にあり、道徳と政治の領域において主として用いられてきた概念である（Martinet：17-18）。
5) Cf. S626-B365：「思考。／人間の尊厳のすべては思考にある。だが、この思考とはなんだろうか。それはなんと愚かなものだろうか。」塩川（2007）は、人間の思考がその高貴な本性とは裏腹の結果を生み出してしまうという事実が、パスカルによってくり返し示唆されていることを指摘している。
6) この点について、山上（2007）を参照のこと。
7) L・スジーニは、パスカルにおいて「第一原理」の真理性が経験（感覚）の所与か

厳とはしたがって、早晩訪れるみずからの死に思いを致し、その後のみずからの行く末について考えることにある。次の一節はこのことを説いていると言えるだろう。

　彼の義務のすべては、正しく考えること（penser comme il faut）である。そこで、考えの順序は、自分から、自分の創造主、自分の目的からはじめることである。（S513-B146）

パスカルにおいて、自分の悲惨さを知ることはすなわち、自分がいずれこの世から消えてしまうことを前提に、今あるべき「自分」について考えることであり、将来の「自分の目的」について考えることでもある。ここで同時に「自分の創造主」、つまり神が挙げられているのは、その存否が「自分の目的」に直接関連することになるからだ——この点については後に明らかになるだろう。
　「だが」とパスカルは続ける。

　人々はなにを考えているだろうか。そんなことは決して考えない。踊ること、リュートをひくこと、詩をつくること、輪取り遊び[8]をすることなどなど、あるいは、戦うこと、王になることを考えている。王であるとはいかなることか、人間であるとはいかなることかは考えずに。（S513-B146）

人間はまったくものを考えていないのではない。それどころか、踊り、演奏、詩作、遊技、戦闘、昇進をうまく行うためであれば、ときに寝食を忘れて思考を働かせる。しかしこれは、人間にとって正しい思考のありかた

　ら導き出されていることを指摘した上で、「いかなる人間もやがて死ぬ」という命題をその「第一原理」の顕著な例であることを示している。死は人間に「光景」（vue）として現れている（« Ce lièvre ne nous garantirait pas de *la vue de la mort*… » S168-B139）（Susini : 38-46）。
8)　馬に乗ったまま、杭の先につるされた輪を槍の先で取る競技。

ではない。人間の義務は、自分が死すべき存在であるという悲惨な運命を自覚することである。これを怠ることで、人間はその「尊厳」を失っている。

いや、むしろ人間は、みずからの悲惨さから目をそらすためにこそ、さまざまな活動に身をやつしている。「われわれは弱く、いずれ死んでしまうという生来の不幸のなかにいるのであり、その状態はあまりにも悲惨なので、そのことを正面から考えたとすれば、われわれはなにものにも慰められない」(S168-B139) からだ。これがパスカルの考える「気晴らし」（divertissement）の状態である。自分が悲惨な存在であると知ることは悲惨ではなく、人間の偉大さの証である。反対に、そのことを忘れること、すなわち「気晴らし」が、「われわれの悲惨の最たるもの」となる。

われわれの悲惨を和らげてくれる唯一のものは気晴らしである。しかしそれこそがわれわれの悲惨の最たるものである。なぜならこれこそが、われわれが自分について考えることをさまたげ、われわれを知らず知らずのうちに滅ぼしてしまうからだ。(S33-B171)

それにしても、なぜ「自分について」、つまり自分の不幸な運命について考えることをさまたげる「気晴らし」が、人間の悲惨の根源となるのか。また、そもそも、なぜ自分の悲惨について思考することが人間の「尊厳」あるいは義務となるのか。人間はみずからの悲惨の自覚によって「気晴らし」以上の幸福が得られるのか。だとすればそれはいかなる種類の幸福なのか。以下では、これらの問いについて考えよう。

2 「気晴らし」の倒錯性

最初に、なぜ「気晴らし」は人間にとって悲惨なのか。
その理由は第一に、個々の気晴らしにおいて、その手段と目的が転倒してしまっている点にある。人は「賭けごと、女性の会話、戦争、重職」を熱心に求めるが、「そこに実際に幸福があるからというわけでもなければ、真の至福が賭けごとで得られるお金や、狩りで得られる兎をもつことにあ

ると人が思いこんでいるからというわけでもない。そんなものは、やると言われてもいらないのだから」(S168-B139)。われわれはさまざまな活動を、なんらかの目的をもって行っている。それを達成するための努力や苦労の先に幸福が待っていると思いこんでいる。にもかかわらず、そのような未来の幸福を保証している対象が今すぐ無条件で与えられることを望まない。「人は獲物よりも狩りを好む」(S168-B139)。パスカルによればそれは、獲物そのものは、忍び寄る死からわれわれの目をそらすことができないからだ。気晴らしにおいて真に求められているのは、目的ではなく手段、未来の幸福ではなく現在の楽しみである。しかも人間は、このことを自覚していない。その証拠に、賞金そのものに無関心な者でも、賞金のないゲームになど真剣に取り組まない。「活気のない、情熱のない楽しみは彼を退屈させてしまう」(S168-B139)。気晴らしは手段を目的化する倒錯であるが、そのような手段を正当化する目的が不在であれば、気晴らしは存立しえない。虚構の目的が真の目的たる資格をもってはじめて、手段が目的となる。気晴らしは二重の倒錯である。

　気晴らしが悲惨である第二の理由は、それが人間を「騒ぎ」のはてしない連続に追いやる点にある。人は、今取り組んでいる活動の目的が果たせたら、休息が待っていると信じ込んでいる。だが実際は、その活動自体が真の目的であったために、それを終えてしまうと、新たな——虚構の——目標を立てることで、また別の仕事に着手せざるをえなくなる。「人はさまざまな障害と闘いながら休息を求める。だが障害を乗り越えたとたんに、休息は、それが生みだす倦怠によって堪えがたくなってしまう。そこで休息から抜け出して、騒ぎを求めなければならなくなるのだ」(S168-B139)。このような循環を生み出しているのは、人間の欲望の「満たされない性質」(S168-B139)である。広い家に住む者がより豪華な屋敷を望み、恵まれた地位にある者がさらに上の役職を目指すというように、欲望は満たされるとまた別のより獲得が困難な対象を求め、そのつど肥大化する。それにつれて「騒ぎ」もまた大きくなっていく。

　そして、パスカルが気晴らしを人間の不幸の根源として断罪する第三の理由は、彼がその根本的な原因を、人間の自己愛に認めている点にある。「人

はいったいなにが目的でこんなことをするのだ、とあなたは言うかもしれない。それは、翌日友人たちの間で、自分がだれよりもうまく活躍したと自慢するためなのだ」(S168-B139)。パスカルによれば、学者が書斎で奮闘するのは、だれにも解けなかった数学の問題を解いたことを仲間に示すためだし、兵士が命を危険にさらしてまでも敵陣に攻め込むのは、戦功をあとで人に誇りたいからにほかならない。気晴らしは、結局のところ他者に対する自己の優越を示す欲望、すなわち自己愛を究極の動因としている。自己愛は、「支配欲」と同一視される最大の邪欲である。上でも見たように、人間の尊厳を示す「思考」のありかたとは、そのようなものをかなえるためのものではない。

　それにしても、「気晴らし」がいかに虚しく、苦労を伴うものだとしても、人間がそれによって喜びや楽しみを得られるのが事実であるとすれば、なぜそれを批判する必要があるのか。パスカル自身も次のように認めている。「人間というものは、どれほど悲しみに満ちていても、もしだれかが彼をなんらかの気晴らしに引き込むのに成功したとすれば、その間だけは幸せになれるものだ」(S168-B139)。たとえつかの間の小さな喜びでも、他人に迷惑や損害を与えないかぎり、それに満足する人を責める理由はないのではないか。実際にパスカルは、仮想的対話者を登場させて、そのように問わせている。「でも、気晴らしで楽しくなれるというのは、幸せなことではないかい」(S165-B170)。パスカルはこの疑問に対してこう答えるであろう。そのような喜びは真の幸福ではなく、幻想にすぎない、と。気晴らしによって人は未来の幸福を志向する。だがこのとき人を幸福にしているのは、得られるかもしれない目的ではなく、現在の苦悩——目的に到達しようとする努力——である。気晴らしにおける真の目的は「騒ぎ」にほかならない。さらに、仮にその（見かけの）目的がかなえられたとして、その瞬間、人は倦怠に襲われて不幸になる。気晴らしにおいて、実のところ、現在にも未来にも幸福はないのだ。

　パスカルの「気晴らし」は、人間のほとんどありとあらゆる文化的営みを包括する概念であり、これを否定してしまうことは、人類の文化全体の否定につながりかねない。人間の尊厳がみずからの悲惨さの自覚にあると

言うとき、彼はこのような根本的な問いかけを行っている。

3 死を考えること

　先に、パスカルにとって死を考えることとは、自分の死後の運命について考えることであると述べた。次の一節から、このことをもう少し詳しく見ておきたい。死を考えることを放棄し、気晴らしを正当化する仮想的対話者の心情を綴った文章である[9]。

　　私が知っているのはただ、自分がやがて死ななければならないということだけである。だが私の知らない最たるものは、まさに私が避けることのできないこの死そのものである。
　　私は自分がどこから来たのか、自分がどこに向かっているのかを知らない。私はただ、この世を離れれば、永遠に無のなかに落ちてしまうか、永遠に怒れる神の手のなかに抱かれるかのいずれかであるということだけを知っているが、この二つの状態のうちのいずれが自分に与えられるのかは知らない。これが私の置かれた状態である。弱さと不確実に満ちている。このことから私は、次のように結論する。私は自分にどんなことが起こるかということになど気を取られることなく、毎日を過ごしていくべきである。こうした疑いのなかに、もしかするとなんらかの手がかりが見つかるかもしれない。だが、そんな手間をかけたくもないし、探求の一歩を踏み出すこともごめんだ。そして、こんなことに思い悩んでいる連中を軽蔑してやり、私自身は、なんの心の準備もなく、恐怖もなしに、あの一大事に向かって行こう。そして、自分の未来の状態が永遠なのかどうかということは不確実なのだから、このままのんびりと死まで運ばれていくことにしよう。(S681-B194)

---

9) 『パンセ』にはこのように、さまざまな立場を表明する人物が「私」として登場する。この点について詳しくは、塩川 (2003)（II-4「主題としての『私』と語り手としての『私』」）および、塩川 (2007) を参照のこと。

パスカルは「こんな風に語る者と、だれが友だちになりたいと考えるだろうか。〔……〕心配ごとがあったとき、だれがこの者に助けを求めるだろうか」と憤る。それは、この対話者が、やがて死んでしまうというみずからの置かれた悲惨な状態を知りながら、それに目をつぶって「のんびりと」死を迎えることを宣言しているからにほかならない。この人物は、人間の尊厳としての「思考」の義務を怠っているのである。とすれば、この対話者が放棄しようとしていることが、パスカルにとって「正しい思考」となる。それは、死後に自分が、「永遠に無のなかに落ちてしまう」のか、「永遠に怒れる神の手のなかに抱かれる」のか、すなわち、自分はまったくの無に帰すのか、それとも神から永遠の生命を与えられるのかという問いについて考えることである。この問いに対する答はすぐには得られないし、解決の手がかりも見つかっていない。この問題に取り組んでいる人はたくさんいるが、解答にたどり着いた者はいない。しかし、それでもなお、少なくとも「探求の一歩を踏み出すこと」、これこそが人間の尊厳であり、義務である。パスカルにおいて「死を考える」とは、そのような原理的に解決不可能な問いに取り組むことにほかならない。

　「死を考えること」（メメント・モリ）については、モンテーニュが次のように語っている。

> 人々は行ったり来たり、走ったり踊ったりしているが、死については少しも意に介さない。まったく結構なことだ。だが、一度死が不意をついて、彼ら自身に、妻や子どもに、友人に襲いかかると、どれほどの苦痛、叫喚、絶望に押しつぶされることだろう。〔……〕われわれはもっと早くから死の用意をしておかねばならない。〔……〕死からその珍しさを取りのぞこう。死に親しみ、慣れ、なによりもしばしば死を念頭に置くことにしよう。(I, 20, p. 86 ; 一、pp. 158-159)[10]

死は不意に近親者に襲いかかり、われわれを苦悩と絶望に陥れる。だがもっ

---

10) 本章末尾の「引用凡例」を参照のこと。

と恐ろしいのは、死がいずれ自分自身にも訪れるということだ。モンテーニュにおけるメメント・モリの目的は、なによりもまず、この死に想念の上で慣れ、それを実際に迎える際に味わう恐怖を軽減することにある。人生で最大の不幸は、まちがいなく自分が死ぬことである。だが、この不幸をくり返し念頭に置くことであらかじめ親しみ、それほどの一大事ではないと思い込むことは可能である。「もしも、不幸がわれわれの判断だけを通して入ってくるものであれば、これを軽蔑して幸福に転ずることは、われわれにもできるように思われるからである」(I, 14, p. 50;一、p. 90)。このような「死の軽視」は、「われわれの人生にやわらかな平穏をもたらし、純粋で快適な味を与える」(I, 20, p. 82;一、p. 152)。この世の最大の不幸と思い込んでいた「生命の喪失がいささかも不幸でないと悟った者にとっては、この世になんの不幸もない」(I, 20, p. 87;一、p. 160) からである。

　モンテーニュにとって「死を考えること」とは、このように、あくまでも現世をより安楽に過ごすための実践的な知恵である。少なくともこのとき彼は、パスカルとは異なり、死後の自分の命運を問題にしていない。彼はここで、肉体の死は自己の存在を決定的に無に帰すると考えているようだ。彼は言う。

> 青春が死ぬということは本質的に、本当の意味で、衰弱した生命が完全に死ぬことよりも、また老年が死ぬことよりも、はるかにつらいことである。なぜなら、悪い存在から無の存在へ飛び降りることは、楽しくはなやかな存在から苦しくつらい存在へ飛び降りることほどには強く響かないからである。(I, 20, p. 91;一、p. 167)

青春が善(＋)で老年が悪(－)、そして死が無(０)になることなのだから、真に耐えがたいのは死よりもむしろ老いであるはずだ、という。ここでモンテーニュが想定しているのは、「生―老―死―無」というライフサイクルである。パスカルのメメント・モリは、モンテーニュのそれとは似て非なるものだ。それは、死後みずからが無に帰してしまうという前提を疑い、「生―老―死―生」の可能性を探ること、言いかえれば、肉体の死後の魂

の生命の可能性を探求することである。

　では、そのような意味での「死を考えること」が、なぜ人間の「尊厳」と位置づけられるのだろうか。このことがはたして、人間に「気晴らし」以上の幸福をもたらすのだろうか。また、そうだとすれば、なぜそう言えるのか。この点について、「賭け」の議論に基づいて考察してみよう。

4　「賭け」

　『パンセ』のいわゆる「賭け」の断章（S680-B233）は完成された論述をなしておらず、それだけ難解であるが、全体としてのパスカルの主張は、次のように要約することが許されると思われる。

　神は存在するか否かのいずれかであるが、どちらが真であるかは絶対に不可知である。これは、コインを投げたときに表が出るか裏が出るかを投げる前から知ることができない状況と同じである。そこで「表」を「神あり」、「裏」を「神なし」と置き換えれば、「信仰」はコイン投げの賭博で「表」に賭けることに喩えられる。表、裏が出る確率はそれぞれ1/2であるが、前者をもっと低く見積もって1/n、後者を1-1/nとしてもよい（n＞2）。ゲームへの参加料は、「一つの生命」つまり現世における生涯全体である。表が出た場合、勝者には「無限に幸福な無限の生命」が与えられるが、裏が出た場合の勝者への配当はゼロである。ただし、表と裏のいずれにも賭けないという選択は許されない（「だが賭けなければならない。それは随意のものではない」「君はもう船に乗り込んでいる」）。このとき、裏を選ぶのは愚か者でしかない。配当が与えられる可能性があるのは表に賭けた者だけであり、しかもその配当は数字に置き換えれば「無限大」（∞）なのだから。以上の説明を表で示すと、次のようになる。

参加料	場合	勝つ運	勝った場合の儲け	負けた場合の儲け	数学的期待値
一つの生命（有限なもの）	神あり（表）	1/2 [1/n]	∞「無限に幸福な無限の生命」	0	∞
	神なし（裏）	1/2 [1-1/n]	0	0	0

ここで、なぜこの賭けに参加しないという選択はありえないのか、という点については説明が必要だろう。この問題に関する解釈はいく通りもあるが[11]、ここでは次のように理解しておきたい。死後の生命が神によって与えられるか否かというこのゲームの結果は、現世での生涯のありかた全体に関わっている。そこで、仮に「神あり」にも「神なし」にも賭けないという事態が存在するとして、それは結局、「神なし」に賭けているのと同じ事態を指示している。両者はいずれも、信仰が課すさまざまな精神的・身体的規律に従わずに、生涯をみずからの裁量のもとに送ることにほかならないからだ。現時点で神の存在・非在のいずれかに賭けているという自覚のない者も、これまでの人生の時間をすでに宗教と離反した生活に充ててしまっている。賭博への不参加と「神なし」への賭けとを区別するのは、その主体の意志のありかただけである。不信仰者は、そうと知らずに「神なし」を選んでいることになる[12]。

　さて、以上の説明を聞いて、パスカルが勧めるとおり、あなたは素直に「表」に賭けることができるだろうか。

　このゲームに参加するためには、「一つの生命」すなわちみずからの生涯全体を差し出す必要があるという。これを認めれば当然、圧倒的に「神あり」を選ぶ場合が有利になる。だがゲームの実態を考えると、この条件は受容しがたい。すでに述べたことから明らかなように、「表」を期待して送る生涯と、「裏」を期待して送る生涯には、質的な差がある。前者は信仰が求めるおそらくは禁欲的な人生であり、後者はなにものにもとらわれる必要のないいわば自由な人生である。「表」に賭けることは、自己本意の気ままな生涯に代えて、みずから教義の拘束を受けると決意することにほかならない。つまり実際には、「参加料」が課せられるのは、「表」を選ぶ場合だけだ。先に、ゲームへの参加拒否は「裏」に賭けることと同じと述べたが、逆に、「裏」に賭ければ事実上いかなる負担もないのだから、結局ゲームに参加しないのと同じである。

---

[11] ひとつの有力な解釈が、塩川（2003）（III-2「『賭』をめぐって――護教論から霊性へ」）によって与えられている。

[12] Voir Descotes : 517.

そればかりではない。少なくともパスカルが奉じる教義によれば、「神あり」を選択した者が、みずからの生涯を正しく神にゆだねているつもりでも、そのような生活態度が当の神から見て正しいかどうかはつねに不可知なままであり続ける。実のところ、「神あり」に賭けたとしても、それが救済へとつながり、「無限に幸福な無限の生命」が得られるのかどうかはわからないのだ。次の一節は、「賭けの断章」には含まれていないが、ゲームへの参加を躊躇する者の心情と解釈できるように思われる。

　確率計算によれば十年ということだから、君がぼくに約束してくれるものは、確実な苦痛に加えて、［神に］喜ばれようと努力して失敗する自己愛の十年間以外のなにがあるというのだ。(S186-B238)

　あと十年の生涯を賭けたつもりが、やはり自己愛を完全に捨て去ることができないばかりに、ゲームの配当がもたらされないかもしれないことを、この人物は恐れている。「神あり」に賭けるとは、このような危険を冒すことに合意するということでもある。「表」を選ばなければ配当を得る可能性はないが、「表」を選ばないかぎり参加料を失うこともない。しかも参加料はかけがえのない自分の一生である。
　このように考えると、このゲームはもはやコイン投げとは同一視できない。それはむしろ、きわめて選抜が厳しい試験に似ている。合格すれば輝かしい未来が保証されてはいるが、そのためには、一生涯全体にわたる多大な犠牲と努力が必要となる。努力を尽くしても不合格に終わる可能性もある。はじめからそんな試験に挑まない選択もあるのと同様に、ゲームに参加しない、すなわち「神なし」に賭けることも、愚かな選択として切り捨てるわけにはいかない。

---

13) Cf. S762-B490, S590-B530.

5　来世を望むこと

　パスカルの目的は、読者にこのゲームに参加すること、すなわち「表」に賭けて生涯を送ることこそが正しい選択であると示すことであった。そのためには、そのことによって死後にもたらされる（かもしれない）恩恵の大きさだけではなく、そのような生涯そのものが、「裏」に賭けて過ごす生涯と比べてより幸福であることを論証する必要もあったはずだ。

　実は、「賭け」の断章の末尾には、彼がそのような課題を意識していたことを示唆する一節がある。

> 言っておくが、君はこの世にいる間にその賭けに勝つだろう（vous y gagnerez en cette vie）。そして、君がこの道で一歩を踏み出すごとに、勝利が確実であることと、賭けたものが無に等しいこととをきわめてよく悟るあまり、ついには、君は確実かつ無限なものに賭けたのであって、そのためになにも手放さなかったのだということを知るだろう。(S680-B233)

　「神あり」に賭ける者は、「この世にいる間に」、つまりゲームの結果を知る前から、すでに勝ちを約束されている、と読める。これは、神ありを選べば、ゲームが進行する過程で、未来において自分が望むとおりの結果が訪れるという確信を徐々に強めていくことになる、ということを意味する。つまり、この一節が意図していることはまさに、「神あり」に賭ける生が、「神なし」に賭ける生よりも幸福である、ということの表明にほかならない。このことをより明確に理解するために、次の文章を見てみよう。

> 次のことを理解するのに、それほど崇高な魂は必要としまい。すなわち、この世に真実で確実な満足などなく、われわれの楽しみはすべてうつろなものであり、われわれの不幸は無限であるということ。そして、一瞬ごとにわれわれに迫ってくる死が、まちがいなくほんのわずかな年月の

後に、われわれを永遠の無か永遠の不幸という冷厳なる必然へと陥れるということである。
〔……〕この世でもっとも美しい生涯ですら、この結末を逃れられない。これについてよく考えた上で、次のことにはたして疑う余地があるかどうかを答えてほしい。すなわち、この世においては来世を望むこと以外に幸福はなく、人はそれに近づくにしたがってのみ幸福であること、そして、その永遠について完全な確信をもっている者にとってはもはやなんの不幸も存在しないのと同様に、それについていかなる光ももたぬ者にとっては幸福などまったく存在しないということだ。(S681-B194)

　この世の享楽はすべて、それ自体空しいものであると同時に、今この瞬間にも訪れる可能性のある死によって消え去ってしまうはかないものにすぎない。にもかかわらず、人間はそのようなくだらない楽しみに興じて日々を送っている。人間は自己の置かれた本来的に悲惨な状況を幸福ととりちがえている。人間はささいな喜びによって満足し、自分にとって真の幸福とはなにかという問題について探究を怠る、二重の意味で空しい存在である。——先に見たとおり、これが「気晴らし」を告発するパスカルの主張である。ここでは、そこから一歩進んで、かりそめではない真の幸福が明確に名指される。それは、「来世を望むこと」である。「来世」そのものではない。「この世」にあって来世の存在は、どのような手段によっても不可知である。パスカルはその上で、それに「近づく」ことが幸福であると言うのだ。しかも、下に言われるように、この状態は、来世の存否についての「疑い」を排除するものではない。

この問題について疑いのなかにあるということは、たしかに大きな不幸である。しかし、この疑いのなかにいる場合に、少なくとも必ず果たさなければならない義務は、探求するということである。したがって、疑いながらも探求しないという人は、まったく不幸であると同時にまったく不正である。(S681-B194)

疑いの状態にありながらも来世の存在の可能性を探求すること、その可能性に賭けて、それが真実であった場合に備えて日々を送ること、これはまさに、パスカルが提示するゲームに参加し、「神あり」に賭けるという事態ではないか。上で見たように、このゲームでは、コインが投げられて、それが落ちてくるまでの間、指をくわえて見ていることは許されない。コインが「表」を示すことを祈り、そうであったときに無限の生命を与えられるに値するような努力を生涯怠らないこと。これが「神あり」に賭けるという実践の内実である。パスカルはそのような生を、すでに幸福であると考えている。
　そしてまた、賭けが要請するそのような生のありかたが、彼の言う「人間の尊厳」であり義務であるところの「正しい思考」を意味することは、もはや説明の必要もないだろう。「よく考える」(bien penser) ことは「よく生きる」(bien vivre) ことにほかならない。死を考えること、すなわち死後の生涯の可能性に希望を抱いて生きることだけが人間の幸せなのであり、それ以外の活動——「気晴らし」——によって得られる喜びなど、ささいなものにすぎない、というわけだ。
　実際、「賭け」は「気晴らし」と正反対の構造をもつ。[14]「神あり」に賭けるとは、みずからの悲惨な境遇について真剣に考えること、すなわち、死後の自己の運命について考え、それが幸福であることを願い、そのための努力を惜しまないことである。この努力とは要するに、「情欲の放棄」である。パスカルは、賭けをためらう対話者に、こう助言していた。

> では、神の証拠を数多くならべることによってではなく、君の情欲 (passions) を放棄することによって、納得するように努めることだ。(S680-B233)

そのようにあきらめられた欲望は、あの世で永遠かつ無限の幸福が与えら

---

14) Shiokawa は、「賭け」と「気晴らし」における時間のありかたの相違に注目している。また、Thirouin は、「気晴らし」(se divertir) と「回心」(se convertir) の対立的な構造について論じている。

れるとの「希望」に比べれば無に等しいと思われるようになり、やがてその希望は確信へと変化していくであろう。ここには、現世的な欲望——感覚欲、知識欲、支配欲——こそが神への愛を妨げているとの、パスカルの根本的な思想が表れている。「神あり」への賭けとは、神のみを愛することであり、同時に自己への愛着——現世的な欲望はすべてここに起因する——を脱することだ。[15)]

　気晴らしは、まさにそのような「情欲」を動因としていた。狩りとは、未来において得られる獲物を食したいという欲望、さらにはそのような獲物を仕留めた自分の技術を他者に対して誇りたいという欲望を原因とする気晴らしである。しかしこのとき狩人が楽しみを覚えているのは獲物に至る過程そのもの、すなわち現在の「騒ぎ」である。狩人は苦悩を喜びととりちがえている。また、仮に獲物が得られたとして、その獲物は狩人に満足をもたらさない。彼はすぐに倦怠にとらわれるばかりか、今度はもっと大きな獲物を得たいと願うからだ。こうして、騒ぎ―休息―倦怠の悪循環をもたらし、現在を未来の虚構の目的に従属させる根本的な原因は、人間の欲望の肥大化する本性にある。

　このような連鎖を断ち切るためには、欲望そのものを放棄するしかない。このときはじめて、この瞬間がそれ自体として自律的なものとなる。現在が次の瞬間のための備えとしての二次的な位置づけから脱却し、各瞬間がそれぞれかけがえのない意味を有することになる。神ありに賭ける者は、「騒ぎ」という偽りの快楽に惑わされることなく、天国の無時間的幸福を現世においてすでに享受することになる。彼が過ごすすべての瞬間には、この世で唯一の幸福である「来世への希望」が満ちている。「表」に賭ける者が「この世にいる間に勝つ」というのは、この意味においてである。

　神ありを選ぶ者は、死後の至福への希望という恩恵によってすでに幸福であり、そのような生の結果としておそらく得られるであろう彼岸の生によって、永遠に幸福を享受する。気晴らしが「瞬間」の享楽によって「永

---

15) パスカルにおける「神への愛」の重要性、それと「愛」の他のかたち（邪欲、自己愛、他者への愛）との関係について、山上（2007）を参照のこと。

遠」を犠牲にする行為である上に、その「瞬間」にも実のところ幸福は不在であったのに対し、賭けは各「瞬間」の十全な享受を可能にし、さらに「永遠」をもたらすのである。「無限に幸福な無限の生命」に対する無関心としての気晴らしはこうして、「神なし」への——意図せざる——賭けを意味するだろう。気晴らしとは人間が尊厳を喪失した状態であり、賭けはその尊厳を回復する手段にほかならない。「賭け」——来世に向けられた信——こそが、人間の尊厳を構成する「正しい思考」のありかたとなる。

おわりに

　「考える葦」としての人間の尊厳は、単に思考をもつこと、あるいは思考を働かせることにはなく、それを「調整」すること、すなわち正しく行使することにある。それは、自己の悲惨な状態を自覚し、そこから抜け出す可能性を探求することにほかならない。

　人間はしかし、そのような尊厳の状態からはほど遠い状態にある。みずからの死すべき運命から目をそらすために日々「気晴らし」に興じているからだ。気晴らしはたしかにささやかな幸福を人間に与えてくれる。しかしそれはすぐに倦怠に転じ、真の休息をもたらさない。このような瞬時の不定な幸福で満足した気になるという事実そのものに人間の悲惨がある。

　人間の真の幸福は現世にはなく、彼岸における魂の永遠の救済にのみ存する。死を考えることに人間の尊厳があるというのは、この意味においてにほかならない。だが、来世の探求、すなわち「神あり」に全生涯を賭ける行為は、逆説的なかたちで、現世にも「希望」という幸福をもたらす。探求の行為それ自体がそのような希望を徐々に確信へと代えていくからだ。

---

16) Cf. S682-B195：「この人生の究極の目的についてまったく考えることなく生を過ごし、反省も不安もないままに好みと楽しみに身をまかせ、まるで永遠（éternité）から目をそらせるだけで永遠をなくしてしまえるとでもいうように、ただこの瞬間（instant）だけ自分が幸せであればよいと考えているような人々について、判断してみてほしい。」

人間の尊厳とは結局、情欲を捨て去り、個々の瞬間を来世における永遠の休息を得るための手段として位置づける点にある。人間の尊厳としての「思考」のありかたとは、そのようなひとつの実践であって、純粋精神の働きではない[17]。それは、パスカルが「精神」よりも「無限の上にも無限に」上位に位置づける「愛」（charité）を希求する意志、あるいは「心」の働きに導かれた行いであると言えるだろう[18][19]。

---

17) 「有害な快楽、栄誉、逸楽」を放棄し、「正直で、謙虚で〔……〕誠実な人間」になることを幸福とみなすパスカルの考え（S680-B233）は、ソクラテスの理想に通じるものがある。ソクラテスにおいても、「よく生きる人」「幸福な人」は、「節制する人」「自己の欲望や快楽を支配する者」であり、もっとも不幸な人は、自己の欲望を肥大化するにまかせる「放埒な人」である。正反対の主張を行うカリクレスとの対話において、ソクラテスが導入する比喩は有名である。それによれば、放埒な人とは、ひび割れた甕のようなもので、満ち足りた状態を維持するためにはつねに液体を注ぎ続けなければならない、という。しかし、生涯他者の善を搾取してまでも自己の欲望の充足に努める放埒な者がもっとも恐れなければならないことは、「魂が劣悪な状態」のままで死ぬことである。というのも、ソクラテスが信じる物語（ミュートス）によれば、生涯を正しく敬虔に過ごした者は死後「幸福者の島」に移り住み、完全なる充足のうちに日々を送ることになるのに対し、不正で放埒な人生を送った者は、「タルタロス」という償いと裁きの牢獄に赴くことになるからだ。ソクラテスにとってもパスカルにとっても、正しくつつましい人間だけが、現世においても死後においても幸福を享受する、ということになる（プラトン『ゴルギアス』を参照）。
18) Voir S339-B793.
19) 本論は、山上（2005）と重複する内容を一部含んでいる。

【引用凡例】

1) パスカルおよびモンテーニュからの引用は、次のテクストに従う。
   Pascal, *Pensées*, éd. G. Ferreyrolles, Paris, LGF, « Le Livre de Poche », 2000.
   Montaigne, *Essais*, éd. P. Villey, sous la direction de V.-L. Saulnier, Paris, PUF, « Quadrige », 1992, 3 vol.
2) 引用の日本語訳に際し、以下の書を参考にしたが、かなりの変更を加えたところもある。
   パスカル著、前田陽一・由木康訳『パンセ』2 巻、中公クラシックス、2001 年。
   モンテーニュ著、原二郎訳『エセー』6 巻、ワイド版岩波文庫、1991 年。
3) 『パンセ』からの引用に際し、セリエ版、ブランシュヴィック版の断章番号を、それぞれ記号 S, B に続けて記す。なお、上記フェレロル版はセリエの配列に、前田・由木訳はブランシュヴィックの配列に、それぞれ従っている。
4) 『エセー』からの引用の出典は、「巻, 章, 原文頁 ; 邦訳巻号, 頁」のように記す。
5) 引用文中の傍点による強調は、すべて引用者によるものである。

【参考文献】

Dominique Descotes, « Piège et paradoxe chez Pascal », in *Les Méthodes chez Pascal*, actes du colloque tenu à Clermont-Ferrand les 10-13 juin 1976, Paris, 1979, PUF, pp. 509-524.

Antoine Furetière, *Dictionnaire universel* (1690), Genève, Slatkine Reprints, 1970, 3 vol.

Jean-Luc Martinet, *Montaigne et la dignité humaine. Contribution à une histoire du discours de la dignité humaine*, Paris, Eurédit, 2007.

Tetsuya Shiokawa, « Le temps et l'éternité selon Pascal », in *XVIIe siècle*, n° 239, 2008, pp. 273-283.

Laurent Susini, *L'Ecriture de Pascal. La lumière et le feu. La « vraie éloquence » à l'œuvre dans les* Pensées, Paris, H. Champion, 2008.

Laurent Thirouin, « Se divertir, se convertir », in *Pascal, auteur spirituel*, textes réunis par D. Descotes, Paris, H. Champion, 2006, pp. 299-322.

塩川徹也『パスカル考』岩波書店、2003 年。
塩川徹也「パスカルにとって〈パンセ〉とは何であったか」『フランス哲学・思想研究』

12 号、日仏哲学会、2007 年、3-15 頁。
プラトン著、加来彰俊訳『ゴルギアス』岩波文庫、1967 年。
前田陽一『パスカル――「考える葦」の意味するもの』中公新書、1968 年。
山上浩嗣「信仰と此岸の生――パスカルとモンテーニュの幸福観」『関西学院大学社会学部紀要』99 号、2005 年、155-171 頁。
山上浩嗣「パスカル『パンセ』における〈愛〉」平林孝裕・関西学院大学共同研究「愛の研究」プロジェクト編『愛を考える――キリスト教の視点から』関西学院大学出版会、2007 年、111-137 頁。

第7章　借りたものを返せばいいのか
　　——エマニュエル・レヴィナスによる「倫理」

上田和彦

はじめに

　借りたものは返さねばならない、とは誰もが幼い頃から耳にする言葉だ。親や祖父母、保育園や小学校の先生からだけでなく、思い出すことのできぬほど無数の大人たちに叱られるものだから、これだけは守らねばならぬ、と子供はこの戒律を心に刻み込む。金はもとより、本やCDなど物を借りたら返さねばならない。そうしなければ、相手を不快にさせるだけでなく法にふれる。だから借りたものは誰もがせっせと返す。それは金品だけにとどまらない。一晩泊めてもらったら、一宿一飯の恩を是が非でも返そうとする。恩を受けたら返さねばならないと思うあまり、恩を受けたくない人もいる。返礼をしなければならなくなると感じ、おごってもらうのをいやがる人は多い。親以外の人から「出世払い」で差し出されるものを躊躇なく頂戴できるほど、人は奔放にはなれない。

　借りたものを返さねばならないという意識は、法や礼儀だけでなく漠然とした義務感の根底にも見られる。ある人から好意を示されたなら、こちらもなんらかの好意を示し返さねばならない。苦しみに打ちひしがれているのを慰めてもらったら、その人が苦境に立つときには何かしなくては、と感じる。このように感情面での「負い目」を返そうという意識は、たしかに相互的な良き思いやりをうみだすのだろう。

　しかし、借りたものを返すだけで本当にいいのだろうか。〈私〉が〈あなた〉を目の前にしている時、〈私〉は〈あなた〉にしてもらったことだけを返

済しようとすれば、それでいいのだろうか。借りた覚えなどまるっきりないものを、ただひたすら〈私〉が〈あなた〉に与える必要はないのだろうか。これから考察したいのは、借りたものを返すことには還元できない人と人との関係である。

1 負い目と負債

　ニーチェは、良心の疚しさや心の負い目が、根本的に債務関係をそのモデルとしているのを喝破した。ドイツ語の Schuld という語は、一方で「罪、負い目、恩義、責任」といった精神的次元の事柄を意味すると同時に、他方で経済的な「負債」を意味する。ニーチェはこの点に注目し、あらゆる精神的な「負い目」が経済的な「負債」と同じように「弁償されうるもの」「弁償されねばならぬもの」と見なされているような文化を批判しようとした。[1]

　もしあらゆる精神的な負い目が経済的な負債と同じように計算できるのなら、人間関係はもっと楽になるだろう。しかし精神的な負い目は計算できるのだろうか。私たちは計算などできはしないとうすうす知っていながら、負い目をせっせと計算しているのではないか。結婚式に突然呼ばれたら、行くべきかどうかと思案する。祝ってあげるに値する付き合いであったかどうか、と。逡巡の後に行くことに決めたら、祝儀を用意する。その際いくら包むか悩む。披露宴の費用は一人につきいくらかを計算するだけでなく、その人にそれまでどれだけ世話になったのか、どれだけの付き合いであったかと計算する。そこで料理がまずければ包みすぎたと後悔し、その後その男が新婚の幸せに現(うつつ)をぬかし、以前の付き合いをないがしろにしようものなら、出席してあげなければよかった、時間と金を無駄に費やした、それをどうしてくれると怒る。その男が結婚に失敗し不幸になったら、それでもって自分の怒りが埋め合わせられたとさえ思う人もいよう。このように、気持ちのうえでの痛手、精神的な「損害」を、金銭的な債務

---

[1]　フリードリッヒ・ニーチェ著、信太正三訳「〈負い目〉、〈良心の疚しさ〉、およびその類のことども」『道徳の系譜』（ニーチェ全集 11）ちくま学芸文庫、1993 年。

関係のように計算し、「埋め合わせ」を求めるのは日常茶飯事だ。時には精神的な「損害」を、金銭によって埋め合わせるように要求することもある。しかも、それでは決して満足しないとうすうす感じていながらだ。

　それでは、精神的な負い目にたいしては、徹頭徹尾、「誠意」でもってそれを埋め合わせようとすれば、問題は解決するのだろうか。そうではなかろう。義務や責任といったものを、「相手から恩を受けたら返さねばならない」「自分が相手に損害を与えたら埋め合わせねばならない」等々と、「元の状態に戻さねばならない」という意識にしたがってだけ考えることに問題があるのではなかろうか。というのも、そもそも「元の状態」とはいったい何なのか。「元々の私」「元々のあなた」が確たる者として存在していて、その間で帳尻あわせをすることに人と人の関係はつきるのだろうか。

2　一方的な責任

　例えばエマニュエル・レヴィナスという哲学者は、〈私〉と〈あなた〉が相互的に「元の状態に戻さねばならない」と務める義務や責任ではなく、〈私〉が一方的に負う責任を思考するように私たちを鼓舞する。彼は次のように断言する。

> あらゆる他者たちにたいして、他者たちのあらゆることにたいして、彼らの責任にたいしてすら責任を負うという、全面的な責任を私は負うのです。私というものはほかのすべての他者よりも、もっと責任を負っているのです[2]。

　これは「不公平な」発言だと思われるだろう。なぜ〈私〉が、ほかの他人よりも、もっと責任を負わねばならないのか。私たちは、すべての他人にたいして、他人とのあらゆる関係において、もし〈私〉が何らかの過失

---

[2] Emmanuel Levinas, *Ethique et Infini*, Fayard, 1982, p.105. 訳文は拙訳を用いるが、参考のため既訳の頁数をあげておく。エマニュエル・レヴィナス、原田佳彦訳『倫理と無限』（ポストモダン叢書）朝日出版社、1985年、140頁。

や罪を犯したならば、それに対して責任を負わねばならないとは考える。〈私〉が他人におよぼした損害に対して、その分だけの責任を負わねばならない、と。これが法ないしは通常の正義が要求する責任の考え方だ。こうした「良識的な」責任の考え方にたいしてレヴィナスは、〈私〉という存在は、たとえいかなる罪を犯していなくても、初めて出会った他人だけでなく、会ったこともないすべての他人にたいして、あらゆる点において責任を負わねばならない、と言う。さらには、他人が犯した罪でさえ、その責任を〈私〉が負わねばならないとさえ言う。なぜ〈私〉は他人にたいして何も罪を犯していないのに、他人にたいする責任を負わねばならないのか。

　いかなる具体的な罪も犯していないにもかかわらず他人にたいして責任を負わねばならないという思想、〈私〉は〈あなた〉以上の責任を負わねばならないという思想、こうした思想は、平等という考え方に慣れた私たちにとって一見すると非論理的に見える。しかし、このような思考によって、レヴィナスがいかなる問題を再検討するように私たちを促しているかを考えてみる必要がある。レヴィナスは、あたかも〈私〉自身と他者たちを天空から見下ろすようにして、この〈私〉がこの他人に負う責任を考えないように促し、同等の権利を前提とした人と人との相互的な義務や責任を問い直すように仕向けている。〈私〉は〈あなた〉の前にいるとき、〈私〉と〈あなた〉を国家の一成員として統計学的に捉える視点から、〈あなた〉に応えてはいけない。しかし、なぜ同等の権利を前提とした相互的な義務や責任以上のことを、〈私〉は負わねばならないのか。

3　他者を前にした〈私〉

　答えをだすのをいそがず、じっくりと時間をかけて考えてみる必要がある。ある人が〈私〉の目の前にいて〈私〉を見つめている時、その人が〈私〉に何を求めているのか、と。赤の他人でも、身近な友人、親兄弟や恋人でもよい。見たところ〈私〉と同じような人間であり、話してみると〈私〉と似たような考え方や感じ方をしているように見えても、結局のところそ

の心の内をとらえ尽くすことなどできない、〈私〉とは異なる他の人を前にした時、この他者は〈私〉に何を訴えているのか、それにたいして〈私〉はいったい何を感じ、何をしようとしているのかを。

(1) 〈私〉の能力と他者の抵抗

「他者は私が殺そうと欲することのできる唯一の存在である[3]」、とレヴィナスは断言する。すなわち、人間とは異なる事物や動物ならば、いかに〈私〉に逆らってくるものであっても、〈私〉はそれらを破壊しつくそうとはしない。他の人間だけを〈私〉は全面的に否定し、無にしてしまいたいと思う、つまり、目の前にいる〈あなた〉を殺したいという欲望を、〈あなた〉という他の人間だけが〈私〉にひきおこす、と。

それはなぜなのか。レヴィナスの考え方を辿っていこう。

物、植物、動物であれば、私たちのものにすることができる。私たちの目が届かぬところで自然に存在していたものは、私たちに目が付けられるやいなや、あるがままの存在を中断させられ、私たちに役立つ存在に変えられてしまう。黒光りしていた石は磨かれて宝石に変わり、鬱蒼と枝を垂らしていた樹木は製材され家となる。草原でカモシカを追っていた百獣の王も、檻に入れられ見世物になる。このように、私たちはあるがままの存在を、いとも簡単に私たちに有用な存在に変えることができる。腕力だけでそうするのではない。私たちは、存在しているものに名前を付けて、私たちのものにすることもできる。もちろん、名前を付けられただけでは、ものの外観は変わらないように見える。しかしながら、名前を付けられた存在がどれだけおのれ自身の秘密を打ち明けまいとがんばっても、縦横に広がる意味の網に絡め取られるやいなや、意味付けされ、価値付けされてしまい、私たちが意のままに分類して利用することができるものとなる。地球から遠く離れた星々も、名前を付けられたらおしまいだ。ただひたすら輝いていただけなのに、「乙女座」と名付けられるや、人間の運命を占

---

3) Emmanuel LEVIVAS, *Totalité et Infini, Essai sur l'extériorité*, LGF, Le Livre de poche, 1990, p.216. 訳文は拙訳を用いるが、参考のため入手しやすい既訳の該当頁数をあげておく。熊野純彦訳『全体性と無限』下巻、岩波文庫、40頁。

うための星座になってしまう。名前を付けて理解するということだけで、私たちは際限なく様々な存在を私たちのものにすることができるのだ。

　ところが、他の人間、他者だけが、理解するという〈私〉の能力に抵抗してくる、とレヴィナスは考える。〈私〉の目の前にいる他の人間の顔について、彼は次のように述べる。

　顔は所有されることに、私の諸々の能力に、身をゆだねるのを拒絶する。顔があらわに現れるさいには、それが自らを表現するさいには、感覚に差し出されるものは、依然として捉えることが可能であるのだが、捉えるということにたいする全面的な抵抗に変わる。こうした変容は、ある新たな次元が開けることによってしか起こりえない。実際、掌握にたいする抵抗は、手がどれだけ努力しようとも、それをものともしない岩の固さや、宏大な宇宙空間の星の隔たりといった、乗り越えることのできない抵抗のように産み出されるのではない。顔が世界のなかに導入する表現は、私の諸々の能力の弱さに戦いを挑むのではなく、何かをなしうるという私の能力に戦いを挑むのである。顔は、諸々の物のなかにあるひとつの物ではあるのだが、顔の輪郭をあいかわらず定めている形に穴をうがつ。それは具体的に言うと、顔は私に話しかけ、そしてそうすることによって、力をふるう能力とは共通の尺度を持たぬ、ある関係へと私を誘う、ということだ〔……〕[4]。

　他者は〈私〉に話しかけることによって、対象を捉えようとする能力を含めた「何かをなしうるという私の能力」に抵抗し、「ある関係」へと〈私〉を誘う、と言われている。この「何かをなしうるという私の能力」とは、そしてそれとは別の「ある関係」とは何のことだろうか。

（2）理解の断念と殺人の欲望

　「私の能力」によって、レヴィナスは、他人を奴隷のように従属させる

---

[4] *Ibid.*, pp.215-216. 前掲書、38頁。

身体的力のことを言っているのではない。この能力とは、さきほど触れた理解する能力のことだ。一般的な考え方では、物事を理解するということは、理解する対象をあるがままに、それに力を加えて変形することなく、その本質や意味を中立的に捉えるということだ。このような考え方を、レヴィナスは根本的に疑問視する。あるひとつのこの存在を理解するということは、一般的な概念のもとに独異な存在を捉えることにほかならない。〈私〉の目の前でひっそりと佇み、たおやかな香りを漂わせながら、日差しの移り変わりとともに輝き方を変えて異なる姿を見せているこの何かは、〈私〉がそれを花という概念によって捉えるやいなや、その独自性は他のもろもろの花と比較されうるものとなり、明瞭な意味の光のもとで、その存在固有の薄暗さは消失してしまう。概念や意味とは、〈私〉と対象の間にあって、対象そのものを〈私〉に中立的に伝えてくれる透明な媒介ではない。概念や意味とは、この存在の固有性を一度否定して、他の存在とともに捉えられうる存在、類のなかの一種として分類されうる可知的な存在として生まれ変わらせるものである。概念や意味は中立的ではなく、あくまでも理解したいという〈私〉の意欲に奉仕する。ところで、理解したいという〈私〉の意欲は無限であり、この意欲にしたがって〈私〉は無際限に理解することができる。理解するという能力によって、〈私〉は至高者のように絶大な権力を行使できるのである。

　しかし、〈私〉とは異なる他の人間だけが、唯一無比の存在として自らを押しつけ、理解するという〈私〉の能力に戦いを挑んでくる、とレヴィナスは考える。たしかに通常の考え方では、他者も、ほかの存在と同じように、〈私〉の理解が及びうる存在のように思われている。〈私〉は見知らぬ者の顔、目や髪や肌の色を観察して、この人はどの民族の、どのような世代の人かと思いをめぐらす。話しをじっくり聞いてみて、どんな考え方、ものの感じ方をするか理解しようとする。しかし、いかにその人の個性を尊重しようとも、私たちはその人の個性そのものを、一般的な概念のもとで和らげることなく、理解できるだろうか。その人の他者性を、〈私〉とその人が共有していると〈私〉が思う尺度で測定し、〈私〉が抱くイメージにその人を還元してはいないか。〈私〉が理解できるところだけを理解し、

その人そのものを理解したつもりになってはいないか。理解とは常に、理解できないところを部分的に否定して捉えるということであり、この部分的否定でもって〈私〉は他者の異様さを打ち消し、馴染み深い性質の束として支配しようとする。

しかしその一方で、結局のところ他者を全面的に理解することなどできないと〈私〉は分かってはいないか。このジレンマのすえに、〈私〉はどのような欲望をいだくのか。それは、他者を全面的に否定したいという欲望、すなわち殺したいという欲望だとレヴィナスは言う。

> 私物化や利用によって実行される「否定」は、いつでも部分的なものにとどまっていた。事物の独立を認めない掌握は、事物を「私のために」保存しておく。〔……〕殺人だけが全面的な否定を求める。〔……〕殺すとは支配ではなく無化することであり、理解を絶対的に断念することである。殺人は能力から逃れてゆくものに対して能力をふるおうとする。〔……〕顔のなかで表現される他者性は全面的な否定にたいして唯一可能な「材料」を提供する。私が殺そうと欲することができるのは、絶対的に独立した存在者だけである。私の能力を無限に凌駕する存在者、それによって私の能力に対立するのではなく、何かをなしうるという能力そのものを麻痺させる存在者だけである。他者は私が殺そうと欲することのできる唯一の存在である。[5]

このように、レヴィナスによれば、他者を目の前にすると、〈私〉はほかの存在に対していた時とは別の関係、すなわち、理解するという強力な能力を行使することができない関係、全面的に否定する欲望、殺したいという欲望をかき立てられる関係へと誘われる。

(3)「汝殺すなかれ」

それでは、「何かをなしうるという能力そのものを麻痺させ」、それゆえ

---

5) *Ibid.*, p.216. 前掲書、39-40 頁。

に殺人の欲望をかき立てる他者を、〈私〉ははたして殺すことができるのだろうか。

　世界の組織のなかでは、他者はほとんど無に等しい。しかし他者は私にたいしてある戦いを挑むことができる、言いかえるなら、他者を襲う力にたいして、抵抗する力を対抗させるのではなく、自らの反応の予見不可能性そのものを対抗させることができる。そのようにして、彼が私に対置するのは、より大きな力——計量可能で、したがって全体の一部をなすかのように現れるエネルギー——ではなく、この全体にたいして自分の存在が超越しているということそのものなのである。なにか絶大なる権力ではなく、まさに彼の超越の無限を対置するのである。この無限が、殺人よりも強力なものとして、彼の顔のなかですでに私たちに抵抗するのであって、この無限が彼の顔、本源的な表現であり、「汝殺すなかれ」という最初の言葉なのである。この無限は殺人への無限の抵抗によって能力を麻痺させる。この抵抗は、堅固で乗り越えることができないものとして、他者の顔のなかで、無防備な、全面的にむき出しになった彼の目の中で、〈超越者〉のむき出しになった絶対的開きのうちで輝く。そこにあるのは、きわめて大きな抵抗との関係ではなく、絶対的に〈他なる〉なにものかとの関係である。すなわち、抵抗力を持たないものの抵抗——倫理的な抵抗との関係である[6]。

　レヴィナスは、殺人が実際に不可能であると言うのではない。他者の抵抗は、世界のなかの物理的な力関係においては無に等しく、他者が力で抵抗しようすれば、ナイフや拳銃の一撃で、「私の能力」への抵抗は消えてしまおう。他者の抵抗とは、そのように大小を比較して計ることのできる力ではない。そうではなく、「私の能力」とは共通の尺度をもたぬもの、〈私〉にたいして絶対的に他なるもの、「倫理的な抵抗」である。それはいかなるものなのか。レヴィナスが先の引用であげているのは、「汝殺すなかれ」

---

6)　*Ibid.*, p.217. 前掲書、41-42頁。

という命令である。この命令は、モーセの十戒にも見られるように、古代から伝わるありふれた戒律である。この戒律を耳にして、「殺してはいけないなど言われなくても分かっている」と思う人も多いだろう。しかしながら、この戒律の重みを、レヴィナスの考え方にそって受け止める必要がある。

「汝殺すなかれ」と他者が訴えてくるのは、〈私〉が他者を理解するのを断念したまさにそのときにである。〈私〉は他者を、ほかの事物と同じように部分的に否定して支配することができなかったがゆえに、他者を全面的に否定しよう、他者を殺そうと思ったのである。その時に、「殺すな」との訴えが聞こえてくる。しかも「彼の貧困とむき出しの様——彼の飢え——によって私に訴え、私が彼の訴えに耳を傾けないでいることができないように、自らを押しつけるのだ」[7]。他者からの訴えに耳を傾けないではいられない〈私〉は、どうすればいいのだろうか。たしかに他者の訴えに応えて、〈私〉は他者を殺さないでいることができようし、それだけですめば事は容易だ。私たちはたいてい殺人を犯さないし、人を殺さないのが普通だ。しかしながら、〈私〉は他者を理解するのを断念したままでいなければならない。〈私〉は他者を、部分的にも、全面的にも否定してはならなくなるのだ。

「ほかの人と比較しないで！」という訴えはよく耳にする。たしかにこの訴えに応えるべく、その人の「個性」を尊重しようとする人は多かろう。しかしこの訴えに文字どおり応えるためには、〈私〉はあらゆる比較を差し控え、その人そのものを限り無く迎えつづける必要がある。その人がその都度差し向けてくる一回限りの言動の重みを、そのまま背負う必要がある。そうしなければ、他者の「個性」、絶対的に他なる様はいとも簡単に消失してしまおう。ところで、〈私〉は常に既に、他者からの訴えに晒されていたはずである。〈私〉はその訴えに耳を傾けることなく、理解の名の下に平然と他者を否定し続けていたのではなかろうか。「汝殺すなかれ」という戒律に従うには、他者を理解するということを断念したまま、しか

---

7) *Ibid.*, p.219. 前掲書、44頁。

も全面的に否定してしまいたいという欲望にも抗いながら、他者を絶対的に他なるものとして迎えねばならないのである。

　それでは、絶対的に他なるものを迎えねばならない〈私〉は、はたして〈私〉のままでいることができるのだろうか。他者を理解しないで迎えるには、〈私〉自身が根本的に変化しなければならないのではなかろうか。

4　〈私〉が存在することの暴力

　このようにレヴィナスは、理解するということの無垢さを徹底的に問いに伏そうとする。理解することによって行使される〈私〉の能力、すなわち、〈私〉とかかわる他なるものを、あたかも消化してしまうかのように〈私〉のうちに取り込みながら、〈私〉は〈私〉のままでいるという能力を疑問視させようとする。それだけではない。「私が私のままでいる」こと、つまり「私が存在すること」そのものまで疑問視させようとする。「汝殺すなかれ」という戒律は、〈私〉が他者に直接手をかけるのを禁じるだけではない。結果的に他者が死んでいくままに放置してしまう〈私〉の存在の仕方までも禁じる、とレヴィナスは言う。

　　この論理を徹底的につきつめると、私は他者の死についても責任があるということになります。私は他者を一人で死ぬままに放置しておくことができません。死を取り消すことが私には不可能であるとしても。私は「汝殺すなかれ」をつねにそういうふうに解釈してきました。「汝殺すなかれ」は隣人の胸にナイフを突き立てることを禁止しているだけではありません。たしかにそういう意味もないではありません。けれども、結果的に他者を圧殺するような存在の仕方は数限りなくあるのです。[8]

　「結果的に他者を圧殺するような存在の仕方」、それはなにも、飢えた者、

---

8) François POIRIE, *Emmanuel LEVINAS Qui êtes-vous?*, La Manufacture, pp. 99-100.　内田樹訳『暴力と聖性』国文社、1991年、130頁。論述の都合上、訳文は一部変更している。

凍える者に食物や衣服を与えないで餓死させる、凍死させてしまうといったことだけにとどまらない。〈私〉が「わが家」でぬくぬくと生存を維持しようとしているあいだに、〈私〉の知らないところで日々人々は死んでいく。それは〈私〉にかかわりのないことなのか。〈私〉の「わが家」、〈私〉が存在している「ここ」とは、そもそも〈私〉の場所なのか。〈私〉が「ここ」を不当に占拠したおかげで、他者たちを追放してはいないか。〈私〉が存在すること、ただそれだけによって、他者たちを圧殺することにつながっていないか。レヴィナスはそのように私たちに問いを投げかける。

　私が世界に存在するということ、私の「日向ぼっこの場所」、私のわが家とは、他者たちに属する土地の簒奪ではなかったのか。私によってすでに圧迫され、飢えさせられ、第三世界へと追放された他者たちの。私が世界に存在することは、追い払うこと、追い出すこと、追放すること、奪い取ること、殺すことではないのか。「ここは僕の日向ぼっこの場所だ、この言葉こそが大地全体の簒奪の開始であり象徴である」とパスカルは語っていた。[9]

　私たちはたいてい「私がここに存在すること」に疚しさを覚えることはない。誰もが自分の「ここ」に存在しており、「ここ」で存在し続けようと努力している。「ここ」に家を建て、自らの生活に必要なものを所有して生存し続けることは、平等に享受できる権利だと誰もが思っている。〈私〉の存在を維持する権利、それが「人権」だと考えている。しかしながら、〈私〉の存在を維持する権利、〈私〉が〈私〉のままで存在する権利、いいかえるなら、〈私〉の存在を常に優先させる権利の名の下に、〈私〉は他者たちが死んでいくのを放置していないか。平等に享受できる「人権」の思想の下には、根本的なエゴイズムが隠されていないか。「汝殺すなかれ」は、「私

---

9) Emmanuel LEVINAS, «De l'Un à l'Autre» in *Entre nous——Essai sur le penser-à-l'autre*, Grasset, 1991, p. 166. 参考「一者から他者へ　超越と時間」合田正人・谷口博史訳『われわれのあいだで——《他者に向けて思考すること》をめぐる試論』法政大学出版局、1993年、206-207頁。

がここに存在すること」、それがすでに他者を追放し、他者を死の危険に晒すことなのだと意識させる戒律、〈私〉が存在することに疚しさを覚えさせる戒律なのである。この戒律は、とどのつまり、〈私〉が「ここ」を他者たちに明け渡すことまで命じるのだ。

5　無限の責任

　しかし、〈私〉が「ここ」を明け渡すことなどできるのか。〈私〉が存在することに固執する限り、そんなことはできない。だから〈私〉は、他者にたいして返済することのできぬ負い目を負わねばならないのである。レヴィナスはそれを「無限の責任」と言う。

> 責任が無限なものであるとは、責任が現実に計り知れないことを表しているのではなく、責任が引き受けられるにしたがって、責任が増大してゆくことを表している。義務が、果たされれば果たされるだけ大きくなってゆくということである。自分の義務を果たせば果たすほど、私の権利は小さくなってゆく。私が義にかなっていればいるほど、私には咎がある。享受することにおいては、〈私〉が分離された存在として浮かびあがってくるのを見ておいた。分離された存在は、じぶんの実存の重心を自己の内に独自に持っているものだ。いまやその〈私〉が、じぶんの引力を無くしてゆくことで、その単独性を強めることになる。自我はたえず自らを無にしてゆくのであって、自らを無にしていくというこの不断の努力をまさに強固にする。これが善と呼ばれるものである。責任がこのようにあふれ出ていく宇宙の一点が存在しうるという可能性によって、おそらく最終的には〈私〉が定義されることになるだろう。[10]

　たしかに〈私〉は、地球の核のように万物を物理的に引きつける引力を持っているわけではない。しかし〈私〉は常に「ここ」に存在している。〈私〉

---

10) *Totalité et infini*, p.274.　熊野純彦訳『全体性と無限』下巻、岩波文庫、149-150頁。

は「ここ」にしか存在できないし、世界のどこに移動しようとも、「ここ」を引力を発揮するような起点として、事物や人々を「そこ」に位置づけて交流せざるをえない。そうすることで、たしかに〈私〉は事物や人々を意のままに動かす暴力をふるっているわけではない。単に「ここ」を言動の起点として、事物や人々にかかわっているだけだ。しかし「ここ」を起点にすることは、〈私〉にかかわるものすべてを〈私〉の遠近法のなかに取り込んでいくことにほかならない。理解が暴力であるというレヴィナスの考え方はすでに見ておいた。レヴィナスはさらに、〈私〉が離れることのできない「ここ」が必然的に持ってしまう引力こそ暴力の起源だとさえ考える。〈私〉が「ここ」に存在すること自体が、他者たちを追放してしまい、他者たちに暴力をふるってしまう位置にいることなのだ。しかし〈私〉は「ここ」に存在している限り、存在することに内在する暴力を止めることはできない。だから〈私〉は、「自らを無にしていくという不断の努力」によって、他者に「ここ」を明け渡そうと努め続けねばならないのである。

　レヴィナスが力説しようとするのは、そのような無限の責任を負う義務が、常に既に〈私〉に課されていたはずだということだ。そこには、〈私〉というものについて、根本的に考え方を変更するように促す思想が見られる。誰もが〈私〉のままでいたいと思うだろう。しかし〈私〉は、常に他者たちの訴えを聞いていたはずであり、〈私〉のままでいることに疚しさを感じているはずだ、とレヴィナスは言いたいのだ。〈私〉とはそもそも、自己保存に汲々と励むだけの存在ではなく、他者によって常に問い直されている存在だ、と。それゆえ〈私〉は、自らを〈同じもの〉として保存しようとする存在であるべきではなく、他者のために自らを無にしようと不断に努める存在であるべきだ、と。

おわりに

　借りたものはもちろん返さなければならない。しかしそれだけで十分か。借りたものだけを返そうという意識の底には、「元々の私」に戻りたいという欲求、すなわち自己保存の欲求がある。たしかに自己保存の欲求を人

間の「本能」と見なし、誰もが自己保存のためには他人と闘うものだ、あるいは他人を犠牲にするものだと考えることはできよう。そのような考え方を基にして、各人の欲望を制限しつつ、平等な権利と相互的な責任を規定して、社会を構築していくこともできよう。実際、法律が定めているのは、「人権」を基にした平等な権利と相互的な責任だ。しかしながら、人間には自己保存の欲求に疚しさを覚える本能もあると考えることもできる。もちろん〈私〉が「ここ」を他者に明け渡す社会などどこにもない。それは、まさにユートピアだ。ただ、〈私〉がどこにも存在しないように不断に努力し、他者にたいする責任を限り無く負いつづけようとすれば、何かが変わりはしないか。借りた覚えなどまるっきりないものを純粋に与えようとすることによって、貸し借りで経済的にも精神的にも、がんじがらめになった世界をぐらつかせることはできないか。そうした無償の贈与に一縷の望みを託すことで、人間という存在の闇に光が差し込みはしないだろうか。エマニュエル・レヴィナスが差し出す「倫理」は、私たちにそのような希望を抱かせてくれる。

【参考文献】

フリードリッヒ・ニーチェ『道徳の系譜』（ニーチェ全集11）ちくま学芸文庫、1993年。
エマニュエル・レヴィナス『全体性と無限』岩波文庫、2005-2006年。
エマニュエル・レヴィナス『暴力と聖性』国文社、1991年。
エマニュエル・レヴィナス『倫理と無限』（ポストモダン叢書）朝日出版社、1985年。
エマニュエル・レヴィナス『われわれのあいだで——《他者に向けて思考すること》をめぐる試論』法政大学出版局、1993年。

第 8 章　「異教徒」という人間
　——　15-16 世紀のカトリック南米宣教における人間理解

中道基夫

はじめに

　今日においては、宗教間対話は世界平和を考える上で必須の事柄であるが[1]、これまでの歴史においては異宗教間との平和的共存は容易なものではなかった。一つの宗教が他の宗教をどのように評価するかは、宗教的・思想的な問題を越えて、他宗教信徒の人間としての尊厳をどのように評価するかということに関わってくる問題である。端的に言うならば、他宗教者を人間としては見てこなかった歴史がある。

　キリスト教の歴史の中でも、聖書の教えの中に「殺してはならない」（出エジプト記 20 章 13 節）とあるにもかかわらず、人間を殺害してきたことは否定できない。それは、聖書の教えがないがしろにされてきた歴史ではなく、キリスト教の名において殺してきた人間を「殺してはいけない」といわれる対象である「人間」として見てこなかった歴史である。十字軍において殺人や戦争が正当化された理由の一つとして、異教徒を人間とは見なさないという詭弁がまかり通っていたことが上げられる。

　異教徒を宣教の対象として見るだけではなく、そもそも人間であるかど

---

[1]　今日においては多くの宗教間対話プログラムが開催されている。日本の立正佼成会の提唱によって始められた世界宗教者平和会議には各宗教の代表者が集い、世界における平和の実現のための対話と共同活動が展開されている。プロテスタント教会の世界的な組織である世界教会協議会（The World Council of Churches）においても、暴力の克服のためにいかに他宗教者と協力し、連帯を築いていけるかが大きなテーマである。

うかということが議論になった時代がある。16世紀のカトリック宣教の中で「インディオは人間か？」という議論が交わされた。それは生物学的な問題ではなく、人間であるならば本質的に招かれてしかるべきキリスト教の聖礼典（特に洗礼と聖餐）を受けるに値するかという議論である。聖礼典にあずかることができるのは人間のみであり、動物は聖礼典にあずかることはできない。インディオは人間ではなく、洗礼を施す必要がなく、そもそも宣教の対象ですらないということである。つまり、人間には宣教するが、猿やワニなどの動物には宣教はしない。そして、インディオはそのような動物に匹敵するものであるという判断である。

そこには、キリスト者と異邦人という二分法[2]、人間をキリスト教徒かキリスト教徒でないかという基準で分類する人間理解がある。それはキリスト教側から言うならば、人間か人間ではないかという二分法である。

この考えは、聖書の中にその萌芽を見ることが出来るが、より具体的に適応されるのが大航海時代、世界宣教を本格的に開始したカトリック教会から出てきたものである。しかし、このようなキリスト教徒と異教徒という二分法によって、キリスト教徒以外の人間の尊厳を損なったのはキリスト教であるが、これに強硬に反対し、インディオの人間としての尊厳を守ろうとしたのもカトリック教会の宣教師ラス・カサス（1484-1566）であった。

この章では、キリスト教の中で使われる「異教徒」という概念が聖書の中でどのように変遷してきたのかを概観し、その思考パターンがいかに人間の尊厳を損なうものであるかについて言及する。その際、16世紀の南米におけるカトリック宣教の中で問題になった、「インディオは洗礼を受けるに値するか？」という議論を糸口に、キリスト教徒－異教徒という二分法の問題性に迫りたい。また、この人間の尊厳を損なう二分法が宣教の宗教であるキリスト教の中にどのような意味を持つのか、また、これを克

---

2) キリスト教徒－ユダヤ教徒・イスラム教徒－異教徒という三分法も使われることがある。キリスト教の立場から、ユダヤ教徒・イスラム教徒を一段低くは見るが、そこにまだ親近性も見ている。しかし、異教徒はさらにそこからさらに低い位置にあるものとしてみられている。

服するキリスト教の可能性を探りたい。

1　聖書における異教徒

(1) 旧約聖書

　異教徒いう概念、人間の二分法的分類は旧約聖書において現れている。旧約聖書は、人間を 'am というヘブライ語の単数で語られる「民」[3]と複数形 gojim の「諸民族、諸国民」に分けて語っている。「民」は、「主の聖なる民」(申命記7章6節) イスラエル民族を指し、神が契約を結ばれた民、神が選ばれた民を意味している。一方、「諸民族、諸国民」とは単にイスラエル民族以外の他の民族や人類全体を意味するだけではない。「あなた(神)を知らない諸国民」「あなた(神)の御名を呼ぶことのない諸民族」(エレミヤ書10章25節) と神との関係で定義されるものであり、次第に非ユダヤ教徒を指し示す言葉として使われるようになった。

　イスラエルは他民族・他宗教者との接触の中で、他の神々の礼拝、神像の制作、魔術、占い、死者崇拝、異教的祭儀慣習、偶像崇拝を排除することがヤハウェ信仰として求められていた。特にバアルとヤハウェとの混交が問題になり始めたころ、預言者によって異国の神々に対する批判が厳しくなり、聖なる民イスラエルと決定的に救われることのない不浄の異邦人・異教徒との境界がより厳しく引かれるようになった。

　その区別は旧約聖書をギリシャ語に訳した70人訳ではさらに明確になり、単数形で表されていた 'am の訳語としてギリシャ語の laos という言葉が使われ、神の民を表している。一方 gojim は、laos の対立概念として ethne が使われ、異邦人、異教徒を言い表し、神から遠い者、神に敵対する者、救われざる者を意味する。70人訳では、ヘブライ語本文よりも明確に laos と ethne、聖なる民と異教徒の区別が明確になされている。

---

3)　イスラエル民族が goj という単数形で語られている箇所も存在する。創世記12章2節、18章18節ほか。

(2) 新約聖書

　新約聖書も基本的にはユダヤ教の中でなされていた二分法を無反省的に受け入れている。神の民（laos）と異教徒（ethne）との区別は明確である。さらに現代語の野蛮人を意味する英語のbarbarianの語源であるギリシャ語のbarbaroiという言葉も使われるようになり、パウロにおいてはethneとbarbaroiが並列して使われ（ローマ1章13-14節）、異教徒・異邦人と未開人とが包摂的に理解されている。

　イエスの宣教活動を記した福音書においては異邦人に対して若干開放的ではあるが、ユダヤ人と異邦人との区別は明確に残っている。マルコ7章24-30節に記されているシリア・フェニキアの女性の娘に対する癒しの物語においては、イエスはこの女性の娘を癒してほしいという願いに対して、「子供たちのパンを取って、小犬にやってはいけない」（27節）と彼女の願いを拒否している。この際、子供とはユダヤ人を表し、異邦人を犬に例えていることに、両者に対する明確な区別と異邦人蔑視を見て取ることが出来る。[4]

　しかし、イエスはこの女性の訴えに応え、実際は彼女の娘を癒している。イエスの言動の中には、これまで救いの対象から排除されていた異邦人に神の国に招かれた者として接している一面も見られる。イエスは異邦人であるギリシャ人の隊長の信仰に対して、次のように語っている。

　　はっきり言っておく。イスラエルの中でさえ、わたしはこれほどの信仰をみたことがない。言っておくが、いつか、東から西から大勢の人が来て、天の国でアブラハム、イサク、ヤコブと共にえんかいのせきに着く。だが、御国の子らは、外の暗闇に追い出される。そこで泣きわめいて歯ぎしりするだろう。（マタイ8章10-11節）

　この言葉においては、むしろ信仰のないユダヤ人が神の国から排除され

---

4) 当時のユダヤ人の間では犬は最低の存在であった。「犬でも、生きていれば、死んだ獅子よりましだ」（コヘレトの言葉9章4節等）。

ることが語られている。

　イエス以後の教会は、ユダヤ人社会に留まるのではなく、パウロを中心として、異邦人世界へと宣教に出かけ、キリスト教を広めていった。その中で、もはやユダヤ人と異邦人との区別はなくなったのであるが、教会は神の民と自分を同一視したため、キリスト教徒と異教徒という対立を生み出す結果となった。救いが民族の壁を越えて「すべての人」に及ぶものであるという神学から、キリスト教が異教社会へと広まっていくにつれて、異教徒や異教的信仰や慣習と断絶することがキリストへの信仰と見なされるような傾向も強まり、キリスト教徒と異教徒というまた別の二分法が強まっていった。

　　わたしたちも皆、こういう者たち（異教徒）の中にいて、以前は肉の欲望の赴くままに生活し、肉や心の欲するままに行動していたのであり、ほかの人々と同じように、生まれながら神の怒りを受けるべき者でした。（エフェソ2章3節）

2　インディアス問題

　キリスト教はギリシャ世界に広まり、ローマ帝国の国教になった。キリスト教徒 – 異教徒という対立関係は、アリストテレスの人間理解「人間はその本性においてポリス的動物である」という定義に裏打ちされ、より明確になっていったのである。

---

5)　パウロが、ガラテヤ3章28節において、救いに関して「ユダヤ人もギリシア人もなく、奴隷も自由な身分の者もなく、男も女もありません」と語っていることは革新的な考えであったと言える。しかし、一方で「異邦人の間にもないほどのみだらな行い」（Ⅰコリント5章1節）、「わたしたちは生まれながらのユダヤ人であって、異邦人のような罪人ではありません」（ガラテヤ2章15節）、「神を知らない異邦人のように情欲におぼれてはならないのです」（Ⅰテサロニケ4章5節）というような言葉に表れているように、パウロは幼いころから刷りこまれた異邦人蔑視をかならずしも完全に克服しているわけではない。

アリストテレスによるならば、人間は「言葉」をもっているがゆえに動物と異なり、善悪の知覚を持ち、それに基づいてポリスを形成するものである。善悪を知る神はポリスを必要とせず、人間に優るものである。「獣」は自足しているがゆえに共同体を必要とせず、言語を解さず、善悪の知覚を有しないものである。この理解に基づいて神－人間－獣という階層と区別が明確になった。そして、国を持たず、法を持たず、戦いを好む野蛮人はこの獣に類するものであり、人間とは見なされない存在であると見なされた。アリストテレスは、そのような人間を「生まれつきの奴隷」と言い表し、その「生まれつきの奴隷」と野生動物を同一視し、両者を捕獲するための暴力・戦争は正義に悖るものではないと考えていた。

このアリストテレス的な人間観が、キリスト教のキリスト教徒－異教徒の二分法と結びつくとき、神－人間－動物・野蛮人という階層は神－キリスト教徒－異教徒という図式に変わっていくことになる。

キリスト教徒が最も衝撃的にこの問題に出会うのが、大航海時代を迎え、カトリック教会の世界宣教とヨーロッパ諸国の植民地政策が結びついたときであった。

1492年10月に、クリストバル・コロンがスペイン女王イサベル1世の後援を得て、ヨーロッパ人として初めて中央アメリカ沿岸に到達した。ヨーロッパ人はこれまで出会ったことのない民族、文化と出会うことになる[6]。1493年5月に、スペイン国王にローマ教皇アレクサンデル6世から独占的布教権と占有権を与える「贈与大教書」を受け取ったことによって、スペインによるインディアスの軍事的征服と精神的征服が始まった。それは平和的に行われたわけではなく、スペイン人による征服戦争と強制労働により実行され、大量の犠牲者を生み出す結果となった。

このような植民地政策に対して全く批判がなかったわけではない。1511年に布教に携わっていたドミニコ会宣教師たちは、このスペイン人の虐待・

---

[6] 当時コロンが到達した「新世界」には、350を越える民族集団と、15の異なる宗教・文化圏、160以上もの言語使われていた多様な民族集団がいたと言われている。1492年にコロンが到達したエスパニョラ島がある環カリブ海領域には、統一国家は存在せず、多数の首長制国家が共存していた。

酷使に対して、征服戦争の正当性、エンコミエンダ制[7]を問い、人間としてのインディオの権利を主張する批判を表明している。

このインディゴ擁護運動の結果、1512年に支配者であるスペイン人とインディオの関係を規定したブルゴス法が制定された。この法律により、エンコミンダ制の存続を認めたうえで、インディオは情け容赦なく税金を取り立てることや虐待から保護されることとなった。しかし、これも改宗を図る目的で制定されたものであり、インディオの人間としての尊厳を中心とした法律であるとは言い難い[8]。

しかし教会全体がインディオ擁護の立場にあったわけではなく、1513年には当時を代表する神学者フワン・ロペス・デ・パラシオス・ルビオスが、「勧降状」と呼ばれる文書を記し、征服戦争の正当性を主張し、インディオに対するスペイン国王の支配とキリスト教布教を認めることを要求した。インディオが、この支配と布教を拒否した場合、彼らに対する戦争は正統なものとなり、その結果インディオが被る殺戮、強奪、破壊、奴隷化などはすべて彼らに下される罰であるという理解が示されている。

逆に教会の中でもインディオ擁護の動きも強まってくる。宣教師たちから植民地支配におけるインディオの悲惨な実情を聞いた教皇パウルス3世が、1537年に大教書"sublimis deus"[9]発布し、先住民の人間宣言を明確にした。しかしこれが大きな影響を及ぼしたとは言えず、神聖ローマ帝国

---

[7] 1503年に導入された一定数のインディオを労働力として使役する権利を認めた制度。擬装奴隷制。

[8] 禁止された項目の中には、「先住民を棒や鞭でたたいたり、「犬」呼ばわりしないこと」などがあり、逆にインディオが人間扱いされていなかったことが伺える。また、彼らの生活文化を「陋習に耽っている」と評し、その土地の文化や生活習慣は全く尊重されていない。染田秀藤・篠原愛人監修『ラテンアメリカの歴史』世界思想社、2005年、36-38頁を参照。

[9] 同書、90-91頁。「崇高なる神は人間を愛され、他の被造物と同じく、善に与るだけでなく、不可視の至高善（神）に近づき、向き合うことができるよう人間をお造りになった。〔……〕人間は本来キリストの信仰を受け入れられるように造られており、人間なら誰でも信仰を受容する能力を備えている。そして、絶対に必要な手段（信仰）を手に入れずに、目的（永遠の命と幸福）を達成できないことは、誰の目にも明らかである。〔……〕真実自身（神）は信仰を説く者を送り出す時に、「行き、すべての人に教えよ」と仰った。例外なくすべての人に、と。〔……〕人類の敵（悪魔）はそれを知り、妬み、善人を全滅させようと常々たくらみ、救霊のために神の御言葉が

のカール5世は国王教会保護権の侵害に当たるとして、教皇が直接インディオ問題に関わることを拒絶する意思を表明した。

　この征服戦争正当化に対して真っ向から批判したのがバルトロメ・デ・ラス・カサス（Bartolome de Las Casas, 1484-1566）である。そして、ラス・カサスの論争相手となるのが、皇帝付き司祭・史官であったフワン・ニネース・デ・セプールベダ（Juan Ginés de Sepúlveda, 1489-1573）である。彼は、1550年に『第2のデモクラテス』を著し、征服戦争の正当性を主張した。この本が発端となり、1550-51年にラス・カサス対セプールベダのバリャドリード大論戦が引き起こされた。

　ラス・カサスは1552年に、スペインの征服の実態を暴き、インディオに対するスペイン人の加害責任を告発する『インディアス史』を本格的に執筆し始め、1563年頃に『インディアス文明誌』を著している。

3　フワン・ニネース・デ・セプールベダ

　セプールベダは、戦争は自然法によって認められているという立場から、キリスト教世界の護持もしくは拡大を目的とする戦争は一定の条件を満たせば、すべて正統であると主張し、異端者や異教徒との戦争の正当性を説いた。

　彼の主張は、彼自身の経験によって形成されている。彼は、オスマン・トルコの脅威や宗教改革によるカトリックの危機の中、ローマ・カトリッ

説かれるのを妨げるべく、前代未聞の手段を考案した。悪魔は手下をそそのかし、手下は悪魔の欲望を満足させようと、次のように言い触らした。西方や南方にいる先住民〔……〕にはカトリック信仰を受容する能力がないので、獣のように我々に仕えさせるべきである、と。そして獣にさえしない酷い仕打ちを加え、先住民を隷属させている。囲い場（教会）の外にいる、余に委ねられし子羊たちを囲い場に導くため、余は主の代理人として全力を尽くす所存である。それら先住民は真の人間であり、キリストの信仰を受容できるだけでなく、現に信仰に近づきつつあることを考慮し、適切な手段を講じるため、以下のように宣言する。先住民をはじめ、将来キリスト教徒が知ることになる人々は例外なく、たとえ信仰の外にいようとも、自由や所有権を奪われず、むしろその自由や所有権を、自由かつ正当に享受できる。また、彼らを奴隷とするのも許されない。」

ク教会の守り手として戦うスペインの姿を見てきた。征服戦争はインディオの改宗を容易にするために莫大な費用と犠牲を払って行っている聖戦であり、それに反対するのは異端的な行為であった。彼は、アリストテレスの哲学を用いて、理論的に征服戦争の正当性を明らかにした。

(1) 『第2のデモクラテス』

ドイツ人レオポルド（疫病ともいうべきルター派にかぶれた人物）とデモクラテスとの対話の形式で、レオポルドがデモクラテスに戦争の不当性を様々な視点から指摘するのに対して、デモクラテスが特に自然法、アリストテレスやアウグスティヌスの思想を援用しつつレオポルドの主張を論駁し、征服戦争の正当性を主張していく。[10]

①戦争の正当性

セプールベダは戦争の正当性を無条件に主張しているわけではなく、必要に迫られて行われる戦争のみがゆるされるのであり、戦争そのものを楽しむことはゆるされない。問題はどのような目的で戦争が行われるかということである。

「邪悪で強かな人々の加える不正を戦争に訴えずに排除できないかどうかを見極めるまで、ありとあらゆる平和な解決策を模索しなければなりません。〔……〕しかし、万策を尽くしてもなんら成果があがらず、しかも、邪悪な人たちの傲慢さや悪意が度を越し、どうしても彼らに対して公平かつ穏健な態度を持ちつづけるのが不可能だと判断した場合、君主は躊躇わずに武器を手にしなければならず、その際、自分が無謀な、あるいは、不正な戦争を行っているのではないかと思い煩う必要はありません」[11]と正戦

---

10) 自然法とは、国家が制定する実定法に先立って人間社会を強制や権威なしに自ずと成り立たせている基本的な法と正義の規範である。この国家以前の法、書かれざる社会の暗黙の掟という考えは、まず古代ギリシャのソフィストによる自然PHYSISと制度NOMOSの区別に始まり、以来アリストテレス、ストア哲学、中世キリスト教神学をへて、近代の社会契約説や国際法を生み出した。
11) フワン・ニネース・デ・セプールベダ著、染田秀藤訳『征服戦争は是か非か』（アンソロジー新世界の挑戦7）岩波書店、1992年、60頁。

思想を展開している。

さらに、戦争を正当化する3つの条件を次のように挙げている。[12]
1. 正当な原因を持ち、戦争以外に手段がない。
2. 不当に奪われた戦利品を取り戻す。
3. 不正を加えた人に罰を下す。

②野蛮人に対する征服戦争の正当性

セプールベダは、本書の中でとくにインディオに対する戦争が正当な戦争であることを主張している。そしてその理由として以下の五つの考えを述べている。
1. 生まれながらにして他人に服従しなければならない人間であり、もし他人の支配を拒否すれば、他に方法がない場合、武力で支配される。
2. 選りすぐれたもの、より完全なものが劣ったものや不完全なものを支配するのが善であり、有益である。（魂−肉体、人間−家畜、夫−妻、大人−こども、父親−息子）[13]
3. 野蛮人に対する戦争は自然法に基づき、その目的は敗者に大きな利益をもたらすことにある。すなわち、野蛮人はキリスト教徒から人間としての尊厳の価値を学び、徳の実践に慣れ、そして、正しい教えと慈悲深い忠告を受けることで、すすんでキリスト教を受け入れる心の準備をするようになる。[14]
4. インディオは、スペイン人が神から授かった思慮分別、才能、雅量、節制、人間性、宗教心を持っておらず、学問もなく、文字も知らない。歴史的にも記念するものも持たず、絵模様のようなものがただ漠然と過去の出来事をいくらか伝えているに過ぎない。インディオには徳はなく、放埓な行為や忌まわしいみだらな生活に身を任せ、人肉を食する傾向にある。成文化された法律もなく、絶え間なく戦いを

---

12) 同書、75-78 頁を参照。
13) 同書、83 頁を参照。
14) 同書、91 頁を参照。

繰り広げ、その残忍さや獰猛さは筆舌しがたい[15]。

インディオはスペイン人と同等の権利を持つものではない。等しくない人たちと同等の権利を与え、威厳、徳、功績において優れている人たちを彼らより劣る人たちと、得点、名誉あるいは権利の点で平等に扱うことほど、いわゆる均等を求める正義に反することはない[16]。

5. 戦争によって、異教徒をキリスト教徒に改宗させることはできず、信仰はあくまで自由意志に従うものである。しかし、戦争によって、異教徒が犯してきた罪をこれ以上犯させないということはできる。戦争は、異教徒を矯正し、偽りの宗教から真の宗教へ改宗させるための十分な前提条件になる。キリスト教への改宗こそ、異教徒との戦争の目的である[17]。

4　バルトロメ・デ・ラス・カサス

ラス・カサスは、ドミニコ会に所属するスペイン出身のカトリック司祭である。メキシコ・チャパス教区の司教として当時スペインが国家をあげて植民・征服事業をすすめていた「新大陸」（中南米）における数々の不正行為と先住民（インディオ）に対する残虐行為を告発し、同地におけるスペイン支配の不当性を訴えつづけた。主著に『インディアス史』、『インディアス文明誌』、『インディアスの破壊についての簡潔な報告』などがある。生前から激しい批判を受け、死後も相反する評価を受けることが多かった。

(1)『インディオは人間か[18]』

この本は、ラス・カサスの『インディアス文明誌[19]』の抄訳である。この著作の目的は、当時スペイン人が、獣と変わらない存在として見られてい

---

15)　同書、103-104 頁を参照。
16)　同書、220-221 頁を参照。
17)　同書、141 頁を参照。

たインディオの財産を管理したり、強制的に働かせたり彼らに戦争をしかけたりするのは正義にかなっているという主張を打ち壊すものであった。

　ラス・カサスはインディオが完全に理性的存在であり、自治能力を有し、福音を受容することも可能であることを立証した。彼の主張は当時の宣教論、また外国人理解においても先進的なものであり、インディオの人間としての尊厳を強く主張するものである。彼の議論を通して、当時何が問題であったのか、また、当時宣教の視点の中でいったい「人間」というものをどのようにとらえていたのかを見ていきたい。

　ラス・カサスが、インディオが優れているとして挙げている第1の理由は「この（エスパニョーラ）島が健康的かつ肥沃で、美しく、快適にして暮らしやすい土地である」[20]「インディアスはどこもかしこも、世界中で最も温暖にして健康的で、肥沃にして素晴らしく、人間の本性に適した暮らしができるところ」[21]である。そしてそれはこの土地が「天体の様子とその形状、太陽からの適度な隔たり、すなわち、普遍的かつ上位の原因」[22]によるものであると述べている。

　その地理的な恩恵を受け、インディオは「生来、十分な知力を備え、才知に溢れ、理性的で、素晴らしい能力を有している。それゆえ、彼らが神ならびに自然から善良かつ崇高な霊魂を授かる幸運に恵まれ」[23]ており、最終的な結論として「インディアスのすべての人々が信仰の光に照らされな

---

18) バルトロメ・デ・ラス・カサス著・染田秀藤訳『インディオは人間か』（アンソロジー新世界の挑戦8）、岩波書店、1995年。
19) 『インディアス文明誌』そのものは、全267章からなる大著であり、その内容や複雑な構成から読みづらいために、あまり知られていない著作であった。その内容は、梗概：執筆の目的ならびに内容の紹介、第1巻（1-22章）：エスパニョーラ島ならびにインディアスの恵まれた自然条件について、第2巻（23-39章）：自然条件、その他の偶発的な条件に恵まれてインディオが生来、優れた理性や鋭い悟性を備えていることの証明、第3巻（40-263章）：アリストテレスの定めた基準に照らして、スペイン人到来以前のインディオが完全な社会を気づいていたことの歴史的証明、エピローグ（264-267章）：バルバロの定義である。同書、「解説」325-343頁を参照。
20) 同書、23頁。
21) 同書、36頁。
22) 同書、24頁。
23) 同書、41頁。

くても、自然に導かれ、人間として可能な限り、思慮分別を備え、立派に治められていたことや、彼らが自足してあまりある豊かな国、村、集落や町を築いてきたこと」[24]を様々な側面から主張している。

(2) バルバロについて

　ラス・カサスは、ヨーロッパ人からさげすまれ、人間としての価値を認められていなかったインディオのすばらしさを語り、彼らの人間としての尊厳を取り戻そうとしている。その根拠となるのが、アリストテレス的な価値観であり、インディオが理性を持ち知力を備えているという点においてである。ラス・カサスが宣教師として実際に彼らと出会い、生活する中で親密になったインディオを擁護する気持ちは良く理解でき、当時の人権思想と比較するならば非常に意識の高いものであるといえる。しかし、彼の中において、あらゆる人間に対して人間としての尊厳を認める人権思想的な発展、またヨーロッパ中心主義的なキリスト教の克服が見られるというわけではない。

　彼の著作『インディアス文明誌』のエピローグとして書かれた「バルバロについて」において、彼はバルバロつまり野蛮人とはどのようなものであるかという分類とその定義を試みている[25]。彼は野蛮人という呼称とその存在を認め、その定義には人間の尊厳を認める考えは見いだすことはできない。500年前の彼の言説を、現代の人権意識から簡単に批判することは出来ないが、旧約聖書からもっていた異教徒に人間の尊厳を認めない二分法の系譜を見ることが出来る。ラス・カサスの「野蛮人」についての定義を通じて、彼の「野蛮人」理解を紹介する。

①第1の定義 ── 人間としての本性や理性を持たない。
　バルバロは奇妙であること、どう猛であること、無秩序、行き過ぎ、それに、理性・正義・良俗・人間らしい優しさからの堕落、あるいはまた、支離滅裂な考え、もしくは、感情的な、激情に駆られた一貫性のない意見、

---

24) 同書、301頁。
25) 同書、301-324頁を参照。

さもなければ、理性から逸脱した考えと同一視される。同じく、理性に基づく法則や秩序、それに、人間の本性と見なされるべき優しさや穏やかさを捨て、忘れ去って激情の虜となり、ともすれば獰猛にして、冷酷、非情にして残忍になる人々、つまり、密林に生息する獰猛な野獣でさえ、それ以上劣悪なことはしないと思えるほどの非人間的な振る舞いを率先して行い、まるで人間としての本性をことごとくかなぐり捨てた人々もバルバロと見なされる。すなわち、バルバロとは、人間に共通する本性や理性にそぐわない奇妙さ、行き過ぎ、もしくは、異常さを意味する[26]。

②第2の定義 ──文字言語を持たない。
話し言葉に対応する文字言語を持たない人々、つまり、文字を使用せず、学ばなかった人々のことである[27]。

③第3の定義 ──粗野で堕落した習慣
奇妙で粗野な習慣、もしくは、邪悪で手に負えない性向ゆえに、残酷かつ凶暴で、他の人々とかなり異なり、理性に基づいて自己を治めることができず、むしろ、愚かにして気まぐれな人々のことである[28]。

④第4の定義 ──未信者
真の宗教、つまり、キリストの信仰を奉じていないすべての人々が含まれる。すなわち、異教徒はすべて、いかに賢明かつ賢慮を備えた哲学者や政治家であっても、この種類のバルバロである[29]。
甚だしい瑕疵（かし）をさほど持たず、また被らず、しかも、法、習慣、生活様式、それに国制が野蛮でないような国は一つも存在しない。それらの国は教会の仲間となり、われらが聖なるカトリックの信仰を受け入れてはじめて統治の方法を正し、浄め、改めることになる。なぜなら、カトリッ

---

26) 同書、307-308 頁を参照。
27) 同書、309 頁を参照。
28) 同書、311-312 頁を参照。
29) 同書、315 頁を参照。

クの信仰をおいて他に、ありとあらゆる汚らわしい行為、陋習や不順な行為を密かに、また、公に生み出す原因となる偶像礼拝や迷信的な儀式を追放し、心を改めさせ、すべての陋習の汚らわしさを清める一点の染みもない掟はないからである。[30]

この種類のバルバロには、先に挙げた他の二種類のバルバロの欠点が備わることもあり、大部分がその例に漏れない。[31]

⑤ 3種類の異教徒

1. キリスト教を知り、教会に害を加えたり、躓きを与えたりしたことのないバルバロ
2. キリスト教を知り、凶暴性に身を任せて教会を攻撃し危害を加えるバルバロ
3. 一度もキリストやキリスト教信仰について聞いたことのなく異教を奉じている

ラス・カサスは、この理解に基づいて、キリスト教君主が教会に害を与える異教徒に対して武器を用いるのは、「正義と賢慮にもとづいている[32]」と判断し、神がその異教徒を鎮圧し、キリスト教国に服従することを祈り求めることの正当性を述べている。

おわりに

ラス・カサスは常に評価されると同時に批判されるという複雑な立場におかれてきた。しかし、ヨーロッパ中心主義がヨーロッパで常識であった時代にあってその正当性に懐疑の目を向けた先見性と高い問題意識、自らの命の危険を顧みずに果敢に行動した勇気が高く評価できることは疑いえない。

20世紀後半においては中南米から盛んになった思想の新潮流、解放の

---

30) 同書、305頁を参照。
31) 同書、322頁を参照。
32) 同書、319頁。

神学においてラス・カサスは再び思想的先駆者、解放者として高く評価されることになった。[33]

問題は、セプールベダとラス・カサスの議論に関わらず、中南米の征服戦争は続いていき、植民地政策、奴隷制度は展開していった。セプールベダはあまりにもキリスト教宣教の使命を重んじ、正戦論の正当性を強調するあまり、戦争そのものが持っている非人間的性格を見逃してしまった。そして、征服や奴隷制が持つ悪魔的な力に、正戦論を正当化するために用いられたインディオ野蛮人論が取り込まれていったように思える。

一方、ラス・カサスがヨーロッパ中心主義が常識であった時代において、その正当性を疑い、それを批判し、征服戦争の正当性と戦ってきた、高い問題意識とその生涯を貫いた情熱は高く評価される。また、それは解放の神学の思想的先駆者、解放者として高く評価されている。

しかしながら、インディオの人間としての尊厳を主張するのに、その理性であるとか、道徳性、文化性の高さを基準にしたところに一つの限界がある。ヨーロッパ人を唯一の基準として設け、インディオがそのレベルに達しているという主張は、ヨーロッパ中心主義を最終的には肯定する結果となったのではないだろうか。もちろん、アリストテレスや自然法を用いて論を展開したセプールベダとの論争において、同じ価値観に立って論じ、相手を論駁することは常套手段ではある。ラス・カサスの存在は人権思想の発展において大きなものであるが、人間の尊厳がそのままで尊重されるには、まだ400年以上待たなければならない。

人権意識が高まる一方で、キリスト教宣教においてはなお「キリスト者－非キリスト者（異教徒）」という二分法は重要な思考パターンである。この二分法を克服する神学は弱く、むしろキリスト教社会と多宗教社会との対立において「キリスト者－非キリスト者（異教徒）」という二分法は

---

33) グスタボ・グティエレス著、染田秀藤訳『神か黄金か――甦るラス・カサス』岩波書店、1991年。「ラス・カサスがインディオの解放に深く関わったことは現代のわたしたちに対する挑戦である。なぜなら、今日でもやはり、例えばメデジンで開催された司教会議で議論となった貧しい人々の権利や彼らの価値観を懸命に否定する人々がいるからである。さらには彼らはインディオを『非人格者』として扱い続け、ある意味では、彼らの存在そのものまでも否定しているからである。」（199頁）

大きな役割を果たす基準となっているのではないだろうか。

　かつてドイツの教会では"Heidenmission（ハイデンミッション）"という言葉が使われた。この言葉は直訳すると異邦人宣教、異教徒宣教であるが、単純に他宗教・他国の人々への宣教を意味するものではない。19世紀の宣教理解によるならば、異教徒は社会的には非文明人、未開人であり、いわゆるヨーロッパなどの文明国から見るならば、一段低く見られる位置にある人間ということになる。また宗教的にいうならば、キリスト教徒でないがゆえに救われない存在である。アジアやアフリカのこどもたちは"arme Heidenkinder（アルメ　ハイデンキンダー）"（かわいそうな異教徒のこどもたち）と呼ばれていた。こどもたちには「かわいそうな、哀れな」という形容詞が付けられて、憐れみの対象とされていた[34]。また「キリスト者－非キリスト者（異教徒）」という二分法も宣教理解や方策に影響を与えてきた。

　現代において、このような理解が完全に克服されたわけではないが、上から下への一方通行的なキリスト教化や非欧米諸国の欧米化という宣教理解を克服しようとする神学が提唱され、積極的に評価されている。そのような宣教理解においては、「共生、連帯」という言葉がテーマとなっている。確かにキリスト教と他宗教との間には違いがあり、無批判的にその垣根が取り払われることはない。しかし、根本的には人間が共生し、その生を喜び、たがいに尊重し合うことを基盤とした上で、互いの違いを認め合い、対話することが宣教であると定義されている[35]。

　聖書にも、このような共生に基づく宣教を見ることが出来るが、ラス・

34）当時の宣教の一環として、教会に"Nick-Neger（ニック・ネーガー）"と呼ばれる募金箱が置かれていた。これは募金箱の上に黒人（Neger）のこどもが跪き、コインが入れられるとお辞儀（Nick）するものである。その募金箱には「この哀れなわたしたちをお救いください」というような文章が書かれている。

35）Theo Sundermeier, *Konvivenz und Differenz. Studien zu einer verstehenden Missionswissenschaft*, Erlanger Vlg F.Mission, 2001. 宣教学者のズンダーマイアーが、ラテンアメリカの実生活の中から学んだKonvivenz（共生）という概念は、人間を互いに助け合い、学び合い、共に祝う交わりへと結びつけるものである。宗教間対話に参与したものはすべて、この共生と対話を通して新しいものを学び、広がりを得て、自分自身の信仰への豊かな理解も深められるという考えである。

カサスの議論を経て、現代の宣教学の発展の中に、「異教徒」「野蛮人」という言葉と概念の克服をようやく見ることが出来る。この人間の二分法の克服が、まさに人間の尊厳を守る歩みの一歩であると言える。

【参考文献】

バルトロメ・デ・ラス・カサス著、染田秀藤訳『インディオは人間か』（アンソロジー新世界の挑戦 8）岩波書店、1995 年。

グスタボ・グティエレス著、染田秀藤訳『神か黄金か――甦るラス・カサス』岩波書店、1991 年。

フラン・ニネース・デ・セプールベダ著、染田秀藤訳『征服戦争は是か非か』（アンソロジー新世界の挑戦 7）岩波書店、1992 年。

染田秀藤・篠原愛人監修『ラテンアメリカの歴史』世界思想社、2005 年。

竹田英尚『キリスト教のディスクール――異文化支配の思想史（Ⅱ）』ミネルヴァ書房、2000 年。

松森奈津子『野蛮から秩序へ』名古屋大学出版会、2009 年。

第 9 章　内村鑑三と宗教的寛容
―― 信仰と偏狭さ

岩野祐介

はじめに

　本書の基本テーマとなるのは、人間の「光と闇」「尊厳と深淵」である。このうち、「闇」あるいは「深淵」の面が、歴史上もっとも悲惨な形であらわになった事例として、宗教とからんだ非寛容、憎悪、対立関係を思い浮かべる方もおられるのではないだろうか。とりわけ近年の日本では、キリスト教やイスラームのような一神教と呼ばれる宗教には他者を容認しようとしない非寛容な要素がある、と言われることがあるように思われる[1]。
　本論ではこの宗教的な非寛容という問題を、日本のキリスト者・内村鑑

---

1) 例えば宗教学者の山折哲雄は、「要するに、一神教というのは宗教の世界における独裁体制であるといえないこともない」と述べている。(山折『信ずる宗教、感ずる宗教』中央公論新社、2008 年、43 頁。)
　一方で、このような見解に対する反論も数多い。ここでは大貫・金他編『一神教とは何か　公共哲学からの問い』(東京大学出版会、2006 年) を挙げておく。ここで金は次のように述べている。
　「多神教は、どちらかと言うと多様な宗教がたがいに無関心・無関与・相互放任を原則とする共存をはかるという立場を取る。そして無宗教 (の立場・観点・論理) は出来る限り宗教問題自体に関心を持たない。どちらもある意味では「滅公奉私」の位相である。
　しかし一神教は勿論、自分の宗教を他者の世界にまで普及するために積極的な伝道活動をつづけて来たわけだが、その過程で一神教の優越性とともに限界・欠陥・盲点も自己批判するようになり、自他関係の重要性を実感することによって、自己反省・自己修正・自己再建を容赦無く実行しつつあるということも否定出来ない。果たして多神教や無宗教にもそのような動向があるのか。もしかしたらその必要性をあまり自覚していないのではないか。他者は基本的に放っておけばよいという立場

三を通して取り上げ、その非寛容性の中身を明らかにすることを目的とする。そして、何に対して、何故非寛容であるのか、また「非寛容」であることがはたして一方的に悪いことだけであるのかどうか、そのことを考えなおしてみたいのである。

1　宗教的な寛容

　宗教的寛容について考える前に、まずその枠から離れて、一般的に「寛容である」ということについて考えてみよう。一般的には、寛容であることは「よいこと」と考えられているであろう。そしてその反対である非寛容、偏狭は、おそらくその逆で、悪いことと考えられているのではないだろうか。多様なあり方を容認する方がよりよいことであると誰でも感じるであろうし、それを制限し抑制するのは非寛容であると感じるであろう。

　このように感じることの背後には、それぞれの個人は自由・平等であるべきであり、その自由・平等を制限するのは非寛容・偏狭であるという考え方、そして、少なくとも迷惑を蒙らない限りにおいては、他者の自由を容認するべきであり、そのようなあり方を寛容という、との理解があるのではないだろうか。

　寛容の問題とは、歴史的には、宗教的な寛容の問題であった。そしてそれは、立場が上のものが「与える」ものであった。支配する側が、支配の枠を超えない程度までなら自由を認める、というのが「寛容」であったのである。宗教的な寛容とは、寛容しあう以外に殺し合い（戦争）を止める方法がなかったからこそ、認められるようになったという側面があるのである。例えば、カトリックと結びつきの強いフランス王国が、ユグノー戦争を経験しプロテスタントの存在を認めるようになったような形である。

　このフランスの例には、やはり一神教であるカトリックはもともと他者

ではないのか。それは「公」の観点か「私」の立場ではあっても「公共」（する）姿勢ではない。「公共」（する）地平は「間」（あいだ）から拓かれる自他の対話・共働・開新があってこそ成り立つのであるから、困難であっても懸命につづけて行くしかないのである。」（454-5頁）

に対して非寛容であるからこのようになった、と思わせる面があるかもしれないが、恐らく事態はそういうことではない。一神教であるカトリックが、国家権力と結びついてマイノリティであるプロテスタントを抑圧した事例として捉えるべきなのである。同様に、特定の一神教と結びついてはいない徳川幕府も、キリシタンや不受不施派に対しては極めて厳しく抑圧している。寛容しなかったのである。宗教にまつわる弾圧や争いは、政治や経済や人権の問題と必ず結びついて起こるものである。宗教や信仰に関わる差異だけが理由で、人間がそこまで他者を憎むような事態になるとは考えにくい。宗教は寛容か非寛容か、あるいは、一神教は寛容か非寛容か、ということではなく、政治的・経済的な権力と結びついた宗教は寛容であることもあれば非寛容であることもある、ということなのである。

　以下本論では、内村鑑三という人物の宗教的な寛容さについての事例を扱う。先に述べたように、本来宗教と寛容を結びつけて考える場合は、政治的・経済的その他の力のあり方と合わせて考える必要がある。それではなぜここで内村鑑三という個人について扱うのか。

　内村を扱う理由の一つは、彼が「支配される側」の一人の市民として、支配する側が宗教的な寛容を与えなかった事例の当事者となったからである。もう一つは、内村が後に無教会主義キリスト教の創始者としてその弟子たちに、また著作家として、自ら発行する雑誌『聖書之研究』をはじめ数多い著作の読者たちに、強い感化力、影響力を与えたからである。感化力・影響力とは、ある種の権力であるから、この点においても宗教と寛容を結びつけて考える事例として、適切であると言えるだろう。

　内村鑑三は、1861年に生まれ、1930年に死去した。[2] 彼の生きた時代、日本のキリスト教が置かれた状況はいかなるものであったろうか。まず、開国に伴って解禁されるまでのおよそ250年間キリスト教は「邪教」とされ、禁止されてきていた。その間キリシタンは潜伏していたのであるから、一般の市民が具体的にキリスト教に触れることはなかった。つまり、キリスト教の内実も、実際のキリスト者も知らないまま、邪教というイメージ

---

[2] 内村鑑三については、多数の伝記や評伝がある。ここでは手頃な入門書として、鈴木範久『内村鑑三』（岩波新書、1984年）を紹介しておく。

が浸透していたということである。

　そこにキリスト教が、欧米の文物と共に、公に入ってきたのである。日本のキリスト教は、開国当初、宗教というよりも「近代化の精神」として注目されることになった。したがって、近代化していく日本の状況に適合する範囲においてのみキリスト教が受容され、合わない部分については退けられるようになるのである。

　しかし内村鑑三は違っていた。彼は、近代化の精神としてではなく、宗教としてのキリスト教を真剣に探求しようとした人物なのである。

(1) 内村鑑三は寛容か

　内村鑑三といえば、明治期のキリスト教指導者の中では、比較的知名度が高い部類に属する。中学、高校の歴史の教科書にも彼の名前は登場する。一般的には不敬事件、あるいは日露戦争に際しての非戦論によって知られているであろう。また、彼の提唱した無教会主義キリスト教も、教会という形態・組織をとらない独特のキリスト教信仰のあり方として、日本国内だけでなく海外の研究者からも注目を集めてきている。

　内村鑑三に関する一般的なイメージは、「頑固」「厳格」といったものであるだろう。決して寛容なイメージではない。例えばキリスト者であり文学者ある遠藤周作は、内村を「私にとっては煙ったいが、その言葉を肯定せざるをえない大祖父のような存在」と評する。そして「「芸術は多くの場合において信仰の妨害者である」とはっきり言」う内村を「うらやましいと思」いながらも、「同時に抵抗する」[3]のだと遠藤は言うのである。

　一方この頑固さ、非寛容さを積極的に評価しようとしたのが、亀井勝一郎である。彼はこう述べる。

〔……〕私は今までも折にふれて鑑三論を書いてきたが、近代日本における最も独自の、そして潔癖な信仰の人として、尊敬の念を禁じえなかったのである。理由は簡単なのだ。ただこの心において、解説を書く以外

---

3)　遠藤周作「鑑三と文学」『現代日本思想体系第5巻　月報6』筑摩書房、1963年、1-3頁。

に方法はないのである。彼の厳密な信仰から言えば、これもゆるされないかもしれない。後にも述べるが、独特の非寛容があるのだ。実は私の心ひかれるのはその非寛容のためである[4]。

そして亀井は、内村のこのような非寛容さが、丸山真男が「日本の思想」の中で「無限抱擁」という言葉を用いて表現したような日本思想の特質とは明らかに異質であることを挙げて、内村の日本思想史における特異性を指摘している。

内村のこの非寛容さの積極的な面があらわれたのが、不敬事件であり、非戦論の主張であったと言うこともできるであろう。もちろんこれは現代の視点にもとづき歴史をさかのぼって、内村が国家の絶対化から距離をおき、内面の自由・独立を維持し得ていたことを積極的に評価しているのである。当時の見方からすれば、不敬事件などはまさに批判・否定されるべき面であるだろう。現代であるから、信仰の自由のための重要な一歩と評価されるのである。

そして一方では、内村が自由・独立の重要性を主張しつつも、家族や弟子といった周囲の人々に対して、決して寛容とはいえない態度をとっていたことも確かなのである。それらをして、非寛容さの消極的な面と言うこともまた可能である。

2 キリスト教における寛容と内村

そもそも内村のキリスト教信仰の根本には、十字架上のイエスの死による人間の罪の赦し、ということがある。そして内村の捉えた人間の罪とは、人間の自己中心性であった。内村によれば人間の罪の本質とはその自己中心性である。本来神と共にあり、神に頼るべき人間が、人間だけで・自分だけで何でもできる、あるいは何でもしなければならないと考えることが、罪なのである。内村によれば、この人間の自己中心性とは極めて根深いも

---

[4] 亀井勝一郎「解説　内村鑑三」『現代日本思想体系第5巻　内村鑑三』筑摩書房、1963、7頁。

のである。人間は到底そこから自力で解放されることはできない。というよりも、自力で、自分で何でもできなければならないという考え方自体、内村によれば自己中心性をあらわすものなのである。自力で自己中心性から逃れる方法があるはずがないであろう。

　そして神でさえ、独子イエスの死による犠牲がなければ、人間の罪を赦し、そこから解放するということは成し遂げられなかったのである。こうして人間は、神に赦されたことにより、他の人間を赦すことができるようになる、と内村は考える。

　人間の「光」の面が神の似姿としての側面であるとすれば、「闇」の面は自己中心性、罪である。自然そのままの人間とは、神から離れ、罪のただなかにある。ゆえに自己中心的なのであり、そのような人間が、他者を赦すことは極めて困難なのである。

　ではどうすれば人間は他者を赦すことができるようになるのか。内村は、罪からの解放の場合と同じように、人間は神によって他の人間を赦せるようになる、と考える。神により、他者を赦すようにさせられるのである。

　　慈悲、寛容、宥恕、恒忍…………［引用者注：この点線部は原文そのままであり、引用者による中略を示すものではない］我儕のために天に蓄へある所の希望に満ち充ちて、我等は此等キリスト的の美徳を以て充ち溢るゝを得るなり、恕し得ざるは我に空乏あればなり、我れ裏(うち)に充実して宥恕は易々の最も易々たる事なり、充たされよ、而(し)かして容赦(ゆる)せよ。[5]

　人間が罪の状態にあるのは、自らのせいではない。つまり、自らすすんで罪の状態へとおち込んだのではない。先にも述べた通り人間の自然状態そのものが、罪なる状態なのである。そのような人間は、自らが赦され充

---

5)　内村鑑三「宥恕」『内村鑑三全集 11』1903 年、64-65 頁。(『内村鑑三全集』岩波書店、1980-84 年。以下『全集』と表記する。なお、引用文に付されたルビのうち、通常のルビは「聖書之研究」等の原典から付されているものであり、〔 〕に入ったルビは全集編集者により付されたものである。また、傍点による文字の強調には、一部原文通りではないものがある)

たされてはじめて他者を赦すことができるようになる。それゆえ、人が寛容であるためには、まず救済され内的に充たされるという体験をする必要があるのである。

ただし気をつけなければならないのは、内村にとって、他者に寛容である、他者を赦す、ということには、限度があると考えられていることである。このことを逆に言えば、神により寛容であることができるようになったとしても、それは怒りや否定といった感情を認めない、ということとは異なる、ということである。続いてはこの問題を見てみたい。

3　内村の非寛容と、ネガティヴな感情

寛容である、赦せる、ということの反対は、非寛容、赦せない、ということである。汝の敵を愛せよというのであるから、キリスト教の基本的な考え方は、寛容であれ、赦せ、ということだ、と考えるのが一般的であるだろう。しかし内村は、赦せない、という感情を、ある意味で重視しているのである。

> 一種の狭隘はキリスト教の特性として吾人の堅く守らねばならぬ所のものである、ヂョンソンは嘗て I love good haters と言つた、hate 即ち憎むと云ふ字は余りよい字とは言はれないが、併し伊藤候も古川市兵衛氏も我友人なりといふ人は決して吾人の尊信すべき人物ではない。[6]

伊藤候とは初代総理大臣伊藤博文のことである。内村は伊藤博文を強権的な藩閥政府の代表格として考えている。国民の自由を抑えつけ、正義ではなく利欲のために対外戦争を仕掛ける藩閥政府を、内村は厳しく批判するのである。一方の古川市兵衛とは足尾鉱毒事件を引き起こした足尾銅山の所有者である。このような社会的不正義の原因となる人々を、内村は赦せない、と考えるのである。

---

6) 内村「狭隘の利益」『全集10』1902 年、293 頁。

したがって内村にとっては、寛容であれという教えは、いつ誰に対しても無条件で赦せ、という教えであるということではないのである。赦せないこと、怒りをぶつけねばならないことに対して、それらを抑えつけてまで寛容であれというのではない。寛容であれということと、狭隘であれということとは、矛盾しないのである。

このキリスト者の怒りという問題について、内村は次のように説明している。

○基督信者は怒(おこ)つてはならない、〔……〕怒るのは彼の信仰が足りないからであるとは、余輩が此国に於て大抵の基督信者と自から称する人等より聞く所である、〔……〕[7]
○併(しか)し乍(なが)ら聖書を読んで見ると、以上の思想の間違(まちが)つて居る事が明白に示さるゝのである、哥林多(コリント)前書第十三章、パウロの愛の讃美の辞の一節に曰(いわ)く「愛は軽々しく怒らず」と、茲(ここ)に愛は怒らないとは記いてない、軽々しく怒らないと書いてある、即ち怒(か)る事は絶対的に禁止されてないのである、〔……〕
○而してイエスの御生涯に於て彼が怒り給ひし事は聖書の数ヶ所に録(しる)してある、〔……〕イエスの一面はたしかに峻厳(しゅんげん)なる預言者であつた、彼に涙があつた、然れども涙と共に鞭(むち)があつた、〔……〕[8]
○言ふまでもなく基督信者は軽々しく怒らない、又怒つて罪を犯さゞるように努むる、然し乍ら怒らないのではない、彼は聖く怒るべく彼の神に許されるのである、〔……〕真の愛に怒が伴ふ、怒らざるは偽りの愛にあらざれば浅き愛である。神が屡々其民を怒り給ふは彼が深く強く彼等を愛し給ふからである。[9]

怒りのもとが自己中心的なものであるならば、それは罪である。しかし、深い愛にもとづく怒りは異なる。「聖く怒る」とは、神と共にある人間の

---

7) 内村「怒っては悪いか」『全集26』1921年、549頁。
8) 同前、550頁。
9) 同前、551頁。

怒りである。つまり、自己中心的・独善的な判断基準を捨て、反省とともに怒りをあらわにし、また怒りの結果については神の審判にゆだねようとする態度を持つものの怒りなのである。

　以上より、内村にとっての「寛容」ということの特徴をまとめておくと、次のようになるだろう。まず、寛容である、ということは、根本的には人間が自力でそのようになれるものではない、ということである。内村にとっての人間とは拭いがたい自己中心性を備えたものであり、そのような人間は、到底寛容になることなどできない。そこから人間を救い出せるのは神のみなのである。人間が他の人間を赦し受けいれ、寛容であるためには、神による働きが欠かせないものである。

　このことを、キリスト教的な文脈から切り離してあらわすと、次のようになるであろう。まず、内村における寛容さとは、「無関係」「無関心」という意味での寛容さではなく、異なるあり方、異なる意見に対して閉ざされてはおらず開かれている、という意味での寛容さである、ということである。神と人間との関係は、開かれた関係だからである。

　そして、寛容さとは、許せることに関しては許すが、許せない部分については、それを無闇に拡大しようとはしない一方、安直に縮小しようともしない、ということになる。すなわち寛容であることは、寛容でありえない部分と対になって意味をなす、ということである。どこまでが寛容な態度で臨める範囲なのか、という判断を曖昧にしたまま、何でも構わずに受け入れ容認するというのであれば、それは無節操あるいは無思慮であり、寛容とは違うことになるだろう。

　内村の場合「そのどうしても許せない」という判断に大きく関わっているのが、彼の宗教性、キリスト教信仰なのである。そして「許せない」という判断が宗教的な信念に基づいて下されているため、その「許せなさ」(奇妙な表現ではあるが)の強度が極めて強い、また「許せない」ということに関して揺るがない、ということになる。

　この宗教的に裏打ちされた意志の固さが、実際にいかなる形で発揮され、どのような具体的な結果に繋がるか。そのことを抜きにして、宗教的信念に基づく判断は排他的である等と、言うわけにはいかないであろう。そこ

で続いて内村が教派教会や、他宗教についていかなる視点をもっていたか、確認してみよう。

4　教派教会に対する内村の態度

　内村鑑三は無教会主義キリスト教の創始者である。無教会主義とはその名のごとく、教会という形をとらないキリスト教信仰のあり方である。内村自身は、具体的には、礼拝ではなく集会を、教会堂ではなく彼の講堂や、あるいは公の集会場（例えば東京基督教青年会館や、日本衛生会館など）で行っていた。

　しかし内村は、既製の教派教会を拒否して、自らの派閥たる無教会を立ち上げたのではない。つまり、教会という制度を全否定し、無教会という形態を選んだというわけではないのである。

　彼が無教会となったそもそもの理由は、不敬事件の結果教会にいられなくなったからである。教会を否定して飛び出したというわけではない。以下、彼の言葉により確認しておく。

〔……〕「無教会」は教会の無い者の教会であります、即ち家の無い者の合宿所とも云ふべきものであります、〔……〕「無教会」の無の字は「ナイ」と訓むべきものでありまして、「無にする」とか「無視する」とか云ふ意味ではありません、〔……〕[10]
〇無教会主義とは教会は有つてはならぬと云ふ事でない、有るも可なり無きも可なりと云ふ事である。神の生命たる基督教が制度であり、オルガニゼーション（組織体）であるべき筈がない。〔……〕
〔……〕神の霊が時に教会の形態を取りて現はるゝ少しも不思議でない。我等は斯かる形態を貴び、時に己が身を之に委ぬるも決して悪い事でない。然し乍ら神と形とが同視せらるゝ時に弊害は百出する。そして形が神を圧する時に神は生きんが為に形に反き、之と離れ、之を棄ざる

---

10) 内村「無教会論」『全集9』1901年、71頁。

を得ない。無教会主義は斯かる場合に起る主義である。〔……〕[11]

　前者の引用文は無教会の独立伝道者として活動をはじめた時期である 1901 年のものであり、後者は無教会主義というあり方が既に確立していた 1927 年のものである。いずれの場合も無教会という言葉によって教会制度を全否定する意図が内村にあったわけではない。内村にとって教会とは「有るも可なり無きも可なり」といったものであった。そう考えた場合、教派教会に対する態度は、基本的には非常に寛容なものであるとも考えることができる。

　内村は、キリストに倣うものであれば教会であろうと無教会であろうと関係はない、と考えるのである。しかしそれはすなわち、そうなっていない場合は手厳しく批判する、ということでもある。例えば 1913 年の「教会者と預言者」では「信者は神を信ずる者である、教会者は信者を治めんと欲する者である〔……〕」[12] と批判している。

　このように教派教会を批判する際、内村が具体的に怒りを向ける対象は、その権威主義、教勢拡張主義、金銭中心主義等である。これらは、基本的に内村が薩長藩閥政府を批判した場合に指摘したのと同様の問題であり、特に宗教的な問題と捉えられているわけではないとも言えるだろう。あるいは、宗教的か世俗的か、といった区分以前の、根本的な問題と考えられていると言ってもよい。

　よって内村の教会批判は、キリスト教教理の理解に関する相違にもとづくものではないのである。内村においては、「再終的な裁き」は神がするものであると考えられている。故に、人間同士でどちらが宗教的に正しい、異端だ、と価値判断し合うことは、全く無意味だとされるのである。それは人間が神の位置を占めることになりかねないからである。

---

11) 内村「無教会主義に就て」『全集 30』1927 年、437 頁。
12) 内村「教会者と預言者」『全集 19』1913 年、411 頁。

5 他宗教に対する内村の態度

　上記のような内村の寛容さは、他宗教に対しても発揮されている。彼は開国初期の宣教師のように、日本の伝統宗教を否定する立場をとらない。

　〔……〕仏教徒は仏教徒として発達せしめよ、旧教徒は旧教徒として発達せしめよ、新教徒は新教徒として発達せしめよ、而して余輩は余輩として発達せしめよ、我等神の子は相互の発達を助くべきである、〔……〕[13]

　このような態度は、寛容であるとも言える一方で、無頓着・無関心と捉えることができなくはない。内村は自分の信仰のことで精一杯なのである。ゆえに内村が他宗教の意味をいかに考えているのか、もう少し見てみなければならないだろう。

　余に一つ耐えられない事がある、其事は人が他の人を己の宗教に引入れんとする事である、〔……〕余は其人の奉ずる宗教が何であらうが、其事を問はない、〔……〕
　信仰自由は人の有する最も貴重なる権利である、〔……〕[14]
　〔……〕人をして其悪を棄てしめんとせずして其宗旨を変へしめんとする、是れ大なる誤謬(こびゅう)であつて又大なる悪事である、人の宗旨はこれを変へるに及ばない、彼を善人となせばそれで良いのである、〔……〕[15]

　このように内村は信教の自由を重視しており、ゆえに自分の信じる宗教へ人を引き込もうとはしないのだと言い、またその人間のよしあしとその信仰とは別問題であるとの見解を示している。
　それでは、内村が聖書について、イエス・キリストについて述べ伝え続

---

13) 内村「余の耐えられぬ事」『全集16』1909年、404-405頁。
14) 同前、402頁。
15) 同前、403頁。

けたのは何故なのであろうか。彼はこのように続けている。

〔……〕我は又時には我信仰を公けにする、是れ我の有する言論の自由に由るのである、他人を我信仰に引入れんがためではない、我の信仰の何たるを世に知らしめ、其是非を公論に訴へ、些少かなりとも真理の発展に貢献せんがためである、而して真理は自証する者であると云へば、我は強ひて其採用を人に迫るべきではない、我は静に我所信を唱へ、之を神と時とに委ね置けば、それで事は足りるのである。[16)]

伝道に従事するのは、福音を伝えるためであって、信者を獲得するためではないと言うのである。ここで内村の言う真理の自証性とは、先に教派性の問題について確認した際の、神に最終的な判断を任せようとの態度と相通じるものであると言えるであろう。そしてこの、全てを神に委ねるという考え方は、人間が人間を越えるものを憧れ求めることに関する、宗教の枠を越えた理解へとも繋がるものである。

〔……〕我国の**源信僧都**、**法然上人**、**親鸞上人**も亦我が善き信仰の友である、[17)]
言辞を共にする者が我が信仰の友ではない、**信仰の目的物に対し心の態度を同うする者**、其者がわが信仰の友である、〔……〕我は日本人である、故に情に於てはルーテル、ウェスレー、ムーディーに対するよりも、源信、法然、親鸞に対しより近く感ずるは止むを得ない、我は彼等が弥陀を慕ひし其心を以て我主イエスキリストを慕ふ者である。[18)]
〔……〕彼等［引用者注：法然、親鸞を指す］が弥陀に頼りし心は、以て基督者がキリストに頼るべき心の模範となすことが出来る、彼等は絶対的他力を信じた、則ち恩恵の無限の能力を信じた、彼等は全然自己の義（self-righteousness）を排して弥陀の無限の慈悲に頼つた。[19)]

---

16) 同前、404頁。
17) 内村「我が信仰の友」『全集21』1915年、343頁。
18) 同前、344–5頁。

このように内村は、仏教の中でも特に浄土系仏教を高く評価している。ただしその評価は教えの内容ではなく、法然、親鸞らの信仰者としての態度への評価である。回心体験において、自らのエゴの問題を厳しく捉えていた内村にとって、同じように自己の無力を強調する浄土系の信仰は強く共感できるものだったと考えられるのである。

　同時に、「日本の宗教」に対する内村の共感があることも見逃せない。内村に限らず明治期のキリスト教指導者には全般的に言えることとして、対欧米意識というものがある。欧米の宣教師による日本の伝統宗教への否定に対し、内村はそれを日本の伝統に対する否定と感じ、反感をもっていたようである。

　しかし内村にとって、他宗教が尊重すべき存在であるからといって、彼自身がキリスト者であるということに変わりはない。相互に理解した上で、違いは違いとして明らかにすべきである、というのが内村の他宗教に対する態度である。よって彼は次のように述べる。

〔……〕我等は凡ての正直なる信仰を尊敬しなければならない、真理は何宗教に於ても真理である、然し乍ら仏教及び儒教は基督教と同一であると言ふ事は出来ない、尊敬と判別とは自ら別問題である、尊敬すべきは之を尊敬し判別すべきは之を明白に判別するを要する。[20]

　仏教は仏教として認める、ただし、自らはキリスト教を選ぶ、ということなのである。内村は、「絶対的他力」「恩恵の無限の能力」に浄土系仏教とキリスト教との接点を見出しつつも、他力とキリスト教における「神によりたのむ」ということとの違いを次のように表している。

〔……〕然れども［引用者注：キリスト教的な他力は］他力とは云へ、自己の外に働く他力ではない。「汝等の衷に働き」といひて、衷に働く他力である。即ち自力と成りて働く他力である。聖書の言を以て云へば、

---

19) 内村「我が信仰の祖先」『全集21』1915年、420頁。
20) 内村「基督教と仏教及び儒教」『全集23』1917年、224頁。

聖霊である。〔……〕[21]

　この他力性にまつわる問題と並べて、内村が指摘するキリスト教と仏教との違いが、愛の問題である。彼は先にも見た通り、「真の愛に怒りが伴う」との考え方にもとづき、仏教には慈悲しかないが、キリスト教には愛と義の両方があると説明するのである。

　○然らば仏教基督教の相違は何処(どこ)に在る乎と云ふに、〔……〕主として愛の観念に於てある。〔……〕弥陀の慈悲が慈悲の為の慈悲であるに対して、キリストの愛は義に基づける愛である。基督教の神は義の神であつて、義に由らざれば人の罪を赦(ゆる)さず、義に由らざれば救を施し給はない。其意味に於て弥陀の慈悲は単純であるがキリストの御父なる真の神の愛は複雑である。〔……〕[22]

　このように内村は、仏教を尊重しつつも、キリスト教との違いを明らかにし、自らは基督教を選ぶことを宣言する。ただし、仏教的他力を外側からのみ働くものとする見方、仏教は慈悲のみでありキリスト教には愛と義の双方があるとする見方等は、あくまでもキリスト教の立場に立つ内村による見方である。そこにいささか一面的過ぎる面があることは否定できないであろう。

6　世俗的、無宗教なものに対する内村の態度
　　――内村と文学

　内村の提唱した無教会主義とは、教会の否定ではなかった。そこには、「世界そのものが教会である」という視点がある。それゆえ、「汚れた世俗から切り離されることにより教会の中が清らに保たれる」という、超俗的、厭世的なあり方は成り立たないことになる。

---

21) 内村「自力と他力」『全集29』1925年、252頁。
22) 内村「仏教対基督教」『全集32』1929年、217頁。

そのため内村が社会に対して、非戦論に代表されるような様々な発言を続けたことはよく知られていることである。そしてそれら社会に対する発言の中に、冒頭に挙げた遠藤周作の言葉からも確認できるような、内村の文学に対する拒否反応も含まれている。

何故に婦人は一般に芝居を好みますか、是は何んでもありません、彼等が人生の有の儘に面白味を感じませんで、何にか他に人生の真似事を見たく欲ふからであります、〔……〕芝居を好むは実は浮気の証拠でありまして、キリストを信じてキリストのやうな真面目なる人となりますれば、芝居と云ふ人生の真似事を見んと欲ふよりも、真正の人生を見て之に同情を表し、困しむ人を救はんとの念が起る筈であります。[23]
〔……〕余に取りては小説は虚偽であるから面白くない、〔……〕[24]
〔……〕純潔なる基督的家庭に於て青年に対する二個の禁物がある、其一は観劇である、〔……〕其二は小説である、…劇といひ小説といひ其中に稀に偉大にして善美なるものありと雖も畢竟するにその net result（勘定し上げたる結果）は十誡第七条の罪への誘導である、〔……〕[25]

さらに内村の批判は、同時代の小説のみならず、古典文学についても向けられることになる。例えば『源氏物語』については次のように批判する。

〔……〕なるほど『源氏物語』という本は美しい言葉を日本に伝えたものであるかも知れませぬ。しかし『源氏物語』が日本の士気を鼓舞することのために何をしたか。何もしないばかりでなくわれわれを女らしき意気地なしになした。あのような文学はわれわれのなかから根コソギに絶やしたい（拍手）。〔……〕[26]

---

23) 内村「如何にしてキリスト信者たるを得ん乎」『全集9』1901年、29頁。
24) 内村「読書余録」『全集16』1909年、507頁。
25) 内村「モーセの十誡」『全集25』1919年、181-2頁。
26) 内村『後世への最大遺物』岩波文庫、1976年改版、41頁。

また『平家物語』については次のように述べている。

〔……〕日本文も斯くも美はしく書けるものかなと独り嘆美を続けた、然し、美くして悲しとは此文学である、是を読んで勇気は起らない、〔……〕
〔……〕是れは来世の希望に勇気を鼓したのではない、現世の悲しさに来世を夢みたのである、〔……〕[27)]

ではこのように、小説、演劇に対して寛容さを示せずに批判し拒否する[28)]、その理由は何であろうか。

まず挙げられるのは、札幌農学校時代からアメリカ留学時代を通して、内村がピューリタニズム的なキリスト教と馴染んできたということである。ピューリタニズムは禁欲を重んじるが、文学や演劇の世界には豪奢で華美な側面がある。当時の劇場が、ピューリタニズム的視点からして、決して「品のいい」場所とは言えなかったことなども内村が演劇を嫌う理由の一つであろう。

当時の小説や演劇で描かれる恋愛がしばしばいわゆる「道ならぬ恋」であったことも、内村がそれら小説・演劇を批判する理由の一つである。先に挙げた引用文で内村が述べた「十誡第七条」とは、「姦淫してはならない」との誡めである。健全なキリスト教的社会の基本単位は家庭であると内村は考えていた。そのため、その家庭の破壊に繋がるものとして、姦淫を強く嫌悪しているのである。ただし、内村の側に、なぜ小説・演劇がそのような「道ならぬ恋」を描かずにはいられないのか、あるいは、なぜある種の恋愛が道ならぬものとして禁じられてしまうのか、といった問題、さら

---

27) 内村「冬休み」『全集16』1909年、234頁。
28) 本論で引用した内村の発言は主に1900-1920年代のものであるが、この時期に、日本において近代的な小説、演劇が確立されていたとは言い難いのも確かである。夏目漱石の『我輩は猫である』が1905年、『坊ちゃん』『草枕』が1906年の作品である。森鴎外は内村と同年の生まれであり、啄木や小山内薫、志賀直哉らは内村の弟子の世代なのである。内村の発言は基本的に発言がなされた時点での小説、及びそれ以前までの小説、演劇に向けられたものであることには留意しておくべきであろう。

に、その背景としての女性蔑視や社会の階級性の問題として捉えようとする視点が欠けているように思われることも確かである。

　さらに「文学者」というものに対する反感もある。日本における文学者とキリスト教の関連のあり方について振り返ってみれば、内村の心情は理解できないこともないのではないか。明治から大正期にかけてキリスト教と関わった文学者には、キリスト教の文化的な面には憧れて楽しもうとするが、それを宗教として真剣に信仰しようとしないような人々もいた。一度は入信した国木田独歩や島崎藤村は、その後キリスト教から距離を置くことになった。内村の弟子であった小山内薫も、彼のもとを離れていく。同様に内村のもとに出入りしていた有島武郎は、自殺して生涯を終え、内村を嘆かせた。

　そして内村には、日本における文学者の伝統的なあり方に対する疑念があった。内村によれば、文学とは本来「われわれがこの世界に戦争するときの道具」「この社会、この国を改良しよう、この世界の敵なる悪魔を平らげよう」[29]との目的を持って戦うための手段なのである。ところが彼は、日本における文学は「惰け書生の一つの玩具」[30]であり、「たいそう風流」[31]で貴族的なものでしかなかった、と批判する。

　そして根本的に重要なことが、「フィクションである」ということ自体に対する拒否反応である。「真似事」「虚偽」等といった厳しい表現を用いているところから、それらの反対を内村が求めていることが明らかになる。すなわち「真似事」ではない「本当」「虚偽」ではない「真実」が、内村の求めるものなのである。真実であるかどうか、そこに真理があるかどうか、が内村にとって重要なのであった。

　しかし、優れたフィクションには、一時的に過酷な現実を忘れさせ、それによって結果現実に立ち向かうための慰めと活力を読者・観客に与えるという要素があるはずである。フィクションとは単なる絵空事ではなく、必ず現実をうつす鏡のようなものなのである。それゆえ内村の批判はあま

---

29) 前出「後世への最大遺物」41頁。
30) 同前、40頁。
31) 同前。

りにも極端・一方的であり、また的外れであるという見方も可能である。

その上で、あえて内村の言葉から積極的な要素を引き出しうるとすれば、それはいかなるものになるであろうか。内村は、現実に対するもう一つの現実としてのフィクションにより一時的な慰めを得るのではなく、現実の在り方、世界観それ自体から根本的に変わるような解決を求めていた、と考えられるであろう。慰めではなく、救済としての信仰を彼は求めていたのである。内村は、フィクションが反映するその現実自体を変えねばならないと考えていたと言ってもよい。

ではその現実の何が、内村にとっては問題であったのか。彼が問題としていたのは、小説、演劇等の背景に存在していた、「情」を重んずる精神性であったと考えられる。特に演劇は江戸時代以降、「人情」を強調して成立してきたものである。この、いわゆる義理人情について、内村は次のように述べている。

　○日本人は特に情の民である、〔……〕日本人は義理と人情を区別する事が出来ない、〔……〕[32]
　〔……〕日本人は風の吹き去る粃糠(もみがら)の如くに人情に弄ばる(もてあそ)、彼等は道理に由て人情に勝ち、又正義に由て情義を支配する術をも知らず、能力(ちから)をも有(も)たない、日本人に多くの美点あるに係はらず彼等が偉大なる民能(たみ)はざるは之が為である[33]。
　〔……〕多くの場合に於て厳粛なる正義の道は不人情の途の如くに見える、而して此世の人は、殊に日本人は何を許しても不人情を許さない、彼等は義人を貴むと称するも、義人は敬して之を遠(とう)ざけ、神として祭りこみ、遠方より之を拝(おが)む、〔……〕神の人は義の人である、〔……〕情の人に愛せらるゝが如き者はすべて偽(にせ)預言者である、義　然らざれば理、情は之を重んずるも最後に聴く、斯くして単独を期して神と共に歩む、其れが本当の基督者(クリスチャン)である[34]。

---

32) 内村「義理と人情」『全集 27』1922 年、179 頁。
33) 同前、179-80 頁。

先に、キリスト教と仏教の比較において、キリスト教の神は愛だけではなく義をも備えており、それが仏との違いであると内村が述べていることを確認した。この義とは、正義である。それは善悪の判断基準となり得るものなのである。ところが、情だけで義がない人間は、正しい判断ができず、複数の情の間で引き裂かれることにもなりかねないということになる。
　確かに江戸時代、情のために義を破る人々を描いた芝居等が、封建制度のもとにあった人々の鬱屈した気持ちを晴らしたということは事実であろう。それは封建制度における人間関係の正しさをしめす「義」が、結局人間をしばりつけ苦しめるものになっていることを暴いているということである。しかしそれらはしょせん、相対的な義、人間どうしの間の義である。人間の価値観を打ち破るために、別の人間の価値観をぶつけたものである。絶対的な義、神に対する義を示すものではないのである。そして、人情が義を超える絶対的な判断基準になるとすれば、それは本来の絶対的判断基準である神の義に対して、人間の基準を並び立てることになる。内村によれば、それは人間の思い上がり、罪なのである。
　このように、絶対的な神への信仰ということを確立しようとしていた内村は、文学、芸術全般に関してある種の警戒感を抱くのである。芸術はそれ自体が自己目的化し得るものだからである。
　もちろん内村は芸術を全面的に否定していたわけではない。例えば彼は詩の愛好者であり、時に応じて和歌を詠むこともあった。それらは実直に心情を吐露し、また自然の美を讃えることを通して神の偉大さを示すようなものである。内村にとっては、最終的にはすべてが神のためなのである。

7　世俗的、無宗教なものに対する内村の態度
　　　——内村と社会主義

　以上のように宗教的であることを極めて重んじていた内村は、同時に社会主義者たちとの関わりを持ってもいた。幸徳伝次郎（秋水）、堺利彦（枯川）等である。そして足尾鉱毒事件に際しては、幸徳らと現地視察に赴い

34）同前、181頁。

たり、問題に関する講演旅行を共に行ったりもしているのである。また内村が参加した個人改革のための団体、「理想団」には、その発起人に幸徳、堺らが名を連ねている。

　これらは、立場の違う者とも、実践的場面においては手を組もうとする意識をあらわすものであると言える。

　もちろん内村は社会主義を全面的に肯定するわけではない。内村によれば、貧者の救済をこの世における目的としているという点で、社会主義にはキリスト教と共通する要素がある。しかし、社会主義はあくまでもこの世のもの、人間どうしの関係に限定されたものに過ぎない。人間を罪の中から救い出すものではないのである[35]。

　そして社会における社会主義者の行動が目立つようになってくると、次のように批判している。

〔……〕是れに敬虔(けいけん)なし、恭順なし、平和なし、是れ単に不平と頑抗と破壊の精神なり、〔……〕[36]

　一方で内村は、幸徳秋水によるキリスト教批判に対して、次のように応答している。

〔……〕幸徳秋水氏が近頃発行になりし『直言』と云ふ雑誌に寄送されし短文の中に左の如き言がある、
　予は直言す、予は儒教を好む、仏教は少しく嫌ひ也、神道は甚だ嫌ひ也、耶蘇教に至りては尤も嫌ひ也、酒を飲むな、煙草を飲むな、借金をするなと云ふ人は極めて嫌ひ也、
是を以て見ても社会主義が基督教の親友でない事は最も明白に分かる、二者の関係が社会主義者の方から斯(か)くもハッキリと証明されて、余輩は返て喜ぶ者である。

---

[35] この段落については、内村「基督教と社会主義」『全集11』1903年、193-8頁を参照した。
[36] 内村「社会主義」『全集15』1907年、61頁。

但し社会主義者に斯くも嫌はるゝ基督信者が今日まで社会主義並に幸徳氏に対し尠からざる同情を表し来りしことは氏に於ても承認せらるゝ所であらふ。[37]

これは幸徳への、ある種の信頼感に基づいたユーモアであると解することができるであろう。幸徳らとの関係は、主義主張とは別のところで、互いの人間性を認め合うことによって成り立っていたのではないかと思われるのである。

おわりに

　文化に対してどちらかといえば親和的なあり方を選ぶことが多かった日本のキリスト教の中で、以上のような内村の態度は異色である。英語を教えたり、西洋音楽を聞かせたりすることを入り口として、キリスト教の伝道へと繋げる手法は効果的なものだったからである。
　内村がこのような特異性を持つに至った理由としては、内村の個人的資質も挙げられるであろうし、当時の社会における、明治日本的、男性的、武士（それも理想化・理念化された武士）的な教育環境の中で育まれた要素もあるであろう。そしてそこにピューリタニズムの影響が加わって、独特の宗教的なかたくなさ、厳しさが生まれてきたと考えられる。
　このような内村の態度、特に文学に関する態度をして、文化的でない、文化に対する理解がない、ということは簡単である。しかし、文化的かどうか、ということもまた、一つの価値観に過ぎないということも言えるであろう。
　例えば、キリスト者にとって、科学的でないからといって、聖書の中身が無価値になるようなことはない。その場合、科学的に整合性があるかどうか、という価値観のみで聖書を判断することは適切ではないということになる。役割が異なるからである。仮に、科学的でない、ということがま

37）内村「基督教と社会主義（再び）」『全集 12』1904 年、31 頁。

るで致命的な欠陥であるかのごとく感じてしまうとすれば、それは我々が科学的かどうかという枠組にいかに強くとらわれているか、を示すのである。

　医学的に助かる見込みがない人間が、それでも助かりたいと思うのであれば、それは科学的ではない。しかしそれを科学的ではないと言って非難することは誰にもできないはずである。

　そして、文化的かどうか、という判断基準にも、同様な側面があることは否定できないだろう。宗教を真正面から、真剣に信仰しようとすることと、文化的であることとの軋轢を感じた内村は、宗教的なあり方を選択した、ということなのである。その選択は各個人の自由に基づき、自ら為すものである。

　先にも確認したように、内村が問題にしているのは小説や演劇それ自体というよりも、それらが反映する社会のあり方そのものなのである。ものごとの判断を突き詰めず、情に流されやすい世の中がその後どのような方向へ進んでいったかを考えれば、内村の問題意識は一方的に頑迷・非寛容として責められるべきものではないであろう。日中戦争から太平洋戦争にかけての時期、実際に反戦をつらぬくことができた人々の中には、内村の流れをくむ無教会主義キリスト者の一部が含まれているのである。

　ただし、小説や演劇を全面的に否定する内村の言葉に、行き過ぎたところがあるのもまた確かである。このような表現方法は、特に感じやすい若者たちにとってはむしろ逆効果であったかもしれない。問題意識の表現の仕方について、宗教が宗教の文脈を超え、共有しやすい言葉で表すことについては、現代に通じる問題でもある。我々もまた考え直していく必要があるであろう。

第10章　アメリカにおけるサンクチュアリー運動（Sanctuary Movement）と教会

──滞日外国人のいのちの尊厳に対する取り組みへの一考察

榎本てる子

はじめに

　以前、行政機関でエイズカウンセラーをしていた頃、外国人患者の困難を目の当たりにしてきた。多くの外国人エイズ患者は、病気を発症し入院でわかるか、妊婦検診のHIV抗体検査で感染が分かり、母子感染の予防の為に専門の医療機関に送られるかであった。とことん悪くなって入院してくる患者の多くは、正規のビザがないため、健康保険に加入出来ず、治療が遅れ、中には治療が間に合わず、死亡退院する人もいた。

　私にとって、日本における滞日外国人エイズの状況は、非正規滞在外国人の医療の問題を考える契機となった。平成14年度　厚生労働科学研究費補助金エイズ対策研究事業「在日外国人HIV診療についての研究」（分担研究者　若井　晋）は、1999年7月1日から2002年6月30日までの3年間に関東・中部地方の9つの拠点病院を訪れた外国人HIV感染者137人に調査を行った。その結果、出身地域はアジア・アフリカ・ラテンアメリカの開発途上国が78.1％で多く、アジア・アフリカ出身者で健康保険を持たない感染者は、初診時の免疫の高さを表す指標であるCD4[1]が低かった。欧米・豪・欧州は中央値CD4 473に対し、アフリカは中央値CD4が

1）　普通、CD4は800-1500の間と言われ、HIVに感染し様々な症状が出てくるのはCD4が200を切っている場合が多い。

118、アジアは CD4 が 84 であった。このことが意味することは、保険未加入者の多くは、非正規滞在外国人と予測されるため、このような人たちは、重症になるまで受診を控えていたことが予測される。また、別の研究報告書では、2002 年 12 月 29 日の厚生労働省エイズ動向委員会のデータを用い、2001 年度 12 月末時点での外国人登録者数は 178 万人、推定される非正規滞在外国人数は 22.4 万人で合わせれば 200 万人を超えるが、日本の総人口の 1.6％に過ぎない。にもかかわらず、日本で発病した AIDS 患者の占める外国人の割合は 25.4％ときわめて高いと述べている。（日本国籍 AIDS 患者 1902 人／ 74.6％、外国人 AIDS 患者 674 人／ 25.4％）さらに医療費未払いに関しては、医療保険に加入している外国人の内 8.6％に一人当たり平均 28 万円、医療費に加入していない外国人では約 40％に一人当たり平均 140 万円の医療費の未払いが出ているとも報告されている。

　発病した患者の多くは、症状が治まると、母国に送還される。中には、帰国する国では薬を買う事が出来ず、薬を買えない事は、治療をする事が出来ないという意味であり、死を意識せざるをえず、精神的に不安定になる患者もいた。帰国を迫られ抑うつ状態にある人、治療が間に合わず亡くなっていく患者、感染が分かった事で子供の父親である日本人との結婚手続きや特別在留許可を申請し、健康保険に加入し、出産や治療が出来るために、在留許可をいまかいまかと待っている人達を目の当たりにし、なぜこのような状態になったのだろう、どうしたらいいのだろうと考えたものである。また、結局、病院に来るのが遅くなるため、入院に莫大な費用がかかり、医療費未払い問題もおこってくる。法を犯し、非正規で日本に滞在している事が問題であるし、そのような人に住民サービスを提供する事

---

2) 厚生労働省科学研究費補助金　エイズ対策研究事業　HIV 感染症の医療体制に関する研究「在日外国人 HIV 診療についての研究」（分担研究者　若井晋）http://api-net.ifap.or.jp/siryou/kenkyu/shirasaka/183.htm オンライン　2009.5.29。
3) 中石朋見　「HIV 感染外国人への医療提供体制の改善に関する研究——超過滞在・資格外就労外国人及び難民」http://www.aids-chushi.or.jp/c6/nakaishi.pdf オンライン 2009.5.28。
4) 同　報告書。

第10章　アメリカにおけるサンクチュアリー運動(Sanctuary Movement)と教会　　187

に多くの人の抵抗感があるのも現実である。

　法務省入局管理局の発表によると、平成20年末の段階で、外国人登録者数は221万7426人であり、我が国の総人口の1.74％を占めている[5]。また同機関による非正規滞在外国人は、平成21年度1月1日時点で、11万3072人と報告されている[6]。このような状況の中で、今国会では、住民基本台帳の改定案が提出されている。この改定案で新しく作られる予定の「在留管理制度」では、外国人の個人情報を入国管理局が一つにまとめ管理し、現在の外国人登録証に変わってICチップ付き在留カードが発行される予定である[7]。現在の外国人登録制度は、非正規滞在外国人なども対象者にしている為、外国人登録を地方行政の基礎として採用している市町村では、これまで、母子保健、教育、その他の市町村が提供する一定のサービスが受けられていた。しかし、非正規滞在外国人や難民申請中の人が、今回の改定案では市民登録が出来なくなる。そのため、非正規滞在外国人が11万人もいるにもかかわらず、その人たちは実質日本には「いない人」として扱われ、健康、教育などの機会が奪われ、ますますアンダーグランド化していく可能性が高まることが予測される[8]。

　日本は、高度成長期といわれた1980年代、海外から積極的に労働力を受け入れはじめた。風俗産業の労働力は当初、韓国、台湾、フィリピン、タイなどのアジア諸国が多かったが、その後南アメリカ、東欧にも広がっている。1990年以降、自動車産業へはブラジルなどから日系人を中心とした人々が送り込まれ、建設業・解体業、また小規模零細企業にはあらゆる国の人々が働く。日本経済で労働力が不足しているのは、海外に移転できない建設業や風俗産業、そして小規模零細企業が主であるが、それら

5）　平成19年末現在における外国人登録者統計について。
　　http://www.moj.go.jp/PRESS/090710-1/090710-1.html オンライン　2010.2.9。
6）　本邦における不法残留者数について（平成21年1月1日現在）。
　　http://www.moj.go.jp/PRESS/090217-2.html オンライン　2010.2.9。
7）　移住労働者と連帯する全国ネットワーク発行パンフレット「知っていますか？　外国人の在留管理を厳しくするための法案が国会で審議されています」2009。
8）　2009年法改定・新たな在留管理制度についてのQ&A
　　http://www/repacp.org/aacp オンライン　2009.5.28。

の産業で働く人々の大半には就労を目的とした在留資格は発給されていない。その結果、労働者に当然保障されるべき医療や福祉が保障されていないことが少なくない。国民皆保険制度を持つ日本で医療の入り口である国民健康保険の加入も、日本に入国した時点で1年以上滞在する在留資格を有していない場合は加入対象にはならない。建設業や風俗産業、小規模零細企業などで働く人々の多くは国民健康保険加入の対象者にはならない。健康保険に加入できていないため、必要な人が医療にアクセスできない状況がある。また、治療費の未納を恐れ、無保険の外国人を拒否する医療機関も少なくない。

新しい住民基本台帳法によって、「見えなくされている」非正規滞在外国人の医療へのアクセスは益々困難になっていくことが予測される。重篤な状態でしか、医療に繋がれない場合、医療費の未払いの問題、また救える生命を救えなくなるという状況が生まれる。このような、状況の中で、非正規滞在外国人の生命の問題について、私達キリスト者の取り組みの可能性について考えなければならない時期が来ている。

WCC（世界キリスト教協議会）は1990年、HIV/AIDSの流行に対応して、具体的な要請を世界の教会に呼びかけている。

抑圧、民族主義、不正義が無くなるように働きかける事
自由の為に苦闘している人々を支える事
善意も持って活動している人々と連帯し、社会的な意識を広げて行く事
健康における正義を確立するために格闘している人々を支えていく世論形成をする事[9]

WCCの呼びかけへの応答として、現在の日本社会において、特に「健康における正義を確立する為に、格闘している人々を支えて行く為の世論」をどのように形成していけるかが問われている。

特に健康における正義を確立するという事は、WHO（世界保健機構）

---

9) 世界教会協議会世界宣教・伝道委員会編、神田憲次監修・加藤誠訳『和解と癒し―― 21世紀における世界の伝道・宣教論』キリスト新聞社、2010年、13頁。

が1978年に宣言したアルマ・アタ宣言にある「すべての人に健康を（Health for All）」というスローガンとも繋がってくる。この宣言において、健康は基本的人権の一つとしてとらえられている。しかし、前述したように、日本では「見えなくされている人達」が医療を受ける事は困難な状況であり、すべての人に健康をという世界保健機構の宣言は十分に活かされていない。

　日本で外国人医療を積極的に行なっている港町診療所の山室淳平医師は韓国の医療状況の調査を行い、キリスト者が非正規滞在者に対して医療を行なっている事を報告している。

　2005年5月の時点で、外国人労働者約36万人、うち非正規滞在者は約20万と推定されている韓国でも、非正規滞在外国人の医療問題が1990年代から深刻化している。その韓国では、2004年7月にキリスト教系の団体が非正規滞在外国人専用の病院を設立した。毎日200-500人の患者が訪れ、中には労災・交通事故・癌・心臓疾患・脳卒中・自殺など深刻な例もある。外来診療費・入院費はすべて無料である。病院職員は23人、うち医療スタッフは医師6人、看護師7人、検査技師1人、放射線技師1人で構成されている。診療室・検査室・薬局・施術室などの設備が整い、住む家のない人用の避難室、語学などの研修室、教会礼拝堂などもある。政府の支援は一切なく、運営資金はキリスト教関係や民間からの寄付により賄われているという[10]。

　また、韓国では、外国人労働者の人権問題に係わっている多くの支援団体が、キリスト教系団体であり、信者からの多額の寄付をよりどころに精力的に活動をしている、とも述べられている[11]。

　日本でも、カトリックや聖公会は支援組織を作って、外国人支援活動を行っている。特に、カトリック教会は、組織的に難民支援に力を入れてい

---

10) 山室淳平「非正規滞在外国人の医療　韓国では」『Medical ASAHI』2007年1月号、85頁。
11) 同、86頁。

る教区もある。また、難民・移住労働者問題キリスト教連絡会は 1989 年難民船の西日本への漂着をめぐる排外キャンペーンのさなかに発足された。その活動の根本には、日本に庇護を求めてくる難民や日本で働く移住労働者の様々な問題を教会の宣教課題として取り上げたいという願いがあった。しかしながら、日本の教会はまだまだ難民や日本で働く移住労働者の様々な問題を宣教課題として取り組む意識が高いとは言えない。

この論文は、1980 年代アメリカにおいて宗教界が団結し、ラテンアメリカからの非正規外国人を支援したサンクチュアリー運動について考察し、その活動を支えている神学的見解を明確化し、この運動が及ぼした社会的影響について言及したい。

第 1 節においては、アメリカにおけるサンクチュアリー運動の歴史について紹介し、第 2 節では、サンクチュアリー運動を支える神学について紹介する。これらを通して、外国人の生命の尊厳問題にどのように私たちがかかわっていくことが出来るのか考察したい。

1　アメリカにおけるサンクチュアリー運動

(1) サンクチュアリー・シティーとは

2007 年にアメリカのサンフランシスコに薬物依存患者に対する治療の取り組みについて調査に行った際、医療を必要としているすべての人に開かれた施策を目の当たりにした。帰国後、サンフランシスコがサンクチュアリー・シティーとして宣言し、非正規外国人に対しての政策を明確化していることがわかった。2008 年 4 月 2 日に市長室よりプレスリリースされた記事によると、市民団体、宗教指導者、そして市役所の幹部と市長が集まり、サンフランシスコが非正規外国人住民に対してサンクチュアリー政策を持っていることを市民に啓発していくキャンペーンを行うことを発表した。具体的には、サンフランシスコでは、市の職員は、住民サービスを受けている人が非正規外国人住民であっても入国管理局に通報をしないということ、すべてのサンフランシスコの住民が、保健所、医療、子供

の教育、そして犯罪の通報、必要な社会サービスへのアクセスが出来ることを保障する政策を持っていることを市民に啓発していくと発表した。[12] サンフランシスコは、1989年にSanctuary Ordinance（サンクチュアリー条例）を発行し、"City of Refuge"と呼ばれるようになった。その条例の中で、連邦政府、国の法律が要求しない限り、市職員は入国管理局の調査や逮捕の幇助をしてはいけないと決められている。このサンクチュアリー条約はサンフランシスコのみでなく、多くのアメリカのシティーが発行している。[13] このサンクチュアリー条例に関しては、最近賛否両論の白熱した議論がおこっている。特に、アメリカ同時爆発テロ以降、移民に対してのアメリカ人の目は厳しくなっている。また、サンフランシスコを始め、アメリカの各地で、非正規滞在者による犯罪で、多くの市民が命を失っており、このサンクチュアリー条約廃止運動が起こっている。反対者の多くの主張は、日本の非正規外国人に対する批判と同じである。つまり非正規滞在外国人は法を犯している人であり、犯罪者であるから、アメリカ国民の税金を使った市民サービスを受けることは、不快であり、犯罪を助長する制度である、正規に入国していないのだから、移民ではない、だから強制送還されても当然である、などというような批判が多い。また、2008年にサンクチュアリー・シティーとして、市民に啓発運動を行なった、サンフランシスコ市長も、2009年には、サンフランシスコで起こった非正規滞在外国人による3人を殺害する殺人事件が起こり、世論の影響を受け、薬物に関する犯罪などで収容している非正規滞在外国人少年達を入国管理局に引き渡すなど、犯罪者の通報をし始め、サンクチュアリー・シティーとして逆行しているという批判も受けている。このようなサンクチュアリー・シティー宣言のきっかけとなったのが、1981年に長老派の牧師Rev.John

---

12) http://www.sfgov.org/site/mayor_index.asp?id=78378 オンライン　2010.2.2。
13) ワシントンD.C.、ニューヨーク市、ロスアンジェルス、シカゴ。サンフランシスコ、サンタ　アナ、ソルトレイクシティー、サンディエゴ、フェニックス、ダラス、ヒューストン、オースティン、デトロイト、ジャージ市、ミネアポリス、マイアミ、デンバー、ボルティモア、シアトル、ポートランド、オレゴン、ニューヘブン、コネチカット、ポートランドマインなど「市職員および警察がどんな移民の身分なのかを聞く事を禁じる条例を出している。

Fifeとクエーカの Jim Corbett が国境に集まったエルサルバドルやグアテマラからの政治難民を保護するサンクチュアリー（避難所）運動を始めたのがきっかけである。この運動に賛同するアメリカのキリスト教、ユダヤ教、イスラム教など宗教界でこの運動が広がり、その影響を受け、条例が制定されるまでに至った。まさに、宗教界が起こした社会運動が、政治に影響を与えるという事がおこったのである。しかしながら、現在は、非正規労働者の犯罪などが取り上げられ、サンクチュアリー宣言の見直しを主張する声も全米で高まってきている。

近年、アメリカでは、アメリカ人と結婚し、アメリカ国籍の子供と共に家庭を築き定住している非正規滞在者を母国に強制送還し、家族を分断化することに対し反対する New Sanctuary Movement が宗教界で始まっている。この New Sanctuary Movement に対しても、アメリカでは賛否両論が起こり、住居を提供している教会の前では、支援する人たちと、反対派の人たちがデモンストレーションを繰り広げている。

このように、アメリカにおいて、教会や宗教界がサンクチュアリー運動（Sanctuary movement）を始めることができたのも、教会がサンクチュアリーな場所であるという認識が欧米社会には古くからあったからである。またアメリカでは、南北戦争以前の奴隷制時代の奴隷解放、ベトナム戦争時代の徴兵を拒否した人の支援に教会が大きな役割りを果たしてきた。ここで、簡単にサンクチュアリー運動の歴史的背景について述べたい。

(2) サンクチュアリー運動の歴史的背景

英英辞典によると、Sanctuary とは、①聖なる場所、教会、寺院、聖壇（alter）に近い場所②昔は、敵あるいは法から逃れて安全を得る場所だったので、教会の聖所③安全、庇護 The right of sanctuary かつてキリスト教国で定められていた、教会の聖壇の近くにいる限り守られる安全④シェルター、保護区、鳥の保護区などである。

この言葉の由来をさかのぼって行くと、サンクチュアリーという言葉は、旧約聖書の箇所に起源を見ることが出来る。血の復讐の掟が支配していた古代イスラエルの氏族社会では、一族の者を殺した者への報復は同族の者

第10章　アメリカにおけるサンクチュアリー運動(Sanctuary Movement)と教会　193

の義務であった。そのため、主がモーセに対して、あやまって人を殺した者が、身内の復讐を逃れさせ、その場所で自分のいのちを全うできるために、ヨルダン川の東岸に3つ、西岸に3つ、合計6つの町を逃れの町としなければならないと命じた。(民数記35章)ヨシュア記によると、ガリラヤのゲゼル、シケム、ヘブロン、ベゼル、ゲデアデのラモテ、ゴランが逃れの町であった。(申命記4章41-43節、歴代史上6章57節、67節)この逃れの町という概念が、サンクチュアリー運動を支えた。

　また、ユダヤ・キリスト教世界では、サンクチュアリーの考え方は昔から、逃れの町として定着していた。Tania LeahとHans. Sarah Borwnによると、ローマの建設者、初代王のルームルスは、パラティノの丘(ローマ皇帝が最初に宮殿を築いた地)を逃亡者の聖域(逃れの場所、安全な場所)とした。また彼は、Asylæusという神のために寺院を建てた。この言葉が現在のAsylumとなっている。彼は、すべての人を受け入れ、庇護した。そこでは、雇い主に召使を、債務者を貸主に、殺人者を裁判官に引き渡すことをしなかった。この場所は特権のある場所であった。そして神託としてこのことを守ったので、その町は人口の多い町までになったとも言われている[14]

　キリスト教の伝統において、明確にサンクチュアリーに対して法的な文章が書かれているのは、紀元後392年、のテオドシウス法典であるとTania Leah Haasらは述べる。そして法律的にはサンクチュアリーはユダヤ人、異端者、背教者、公の債務者には当てはまらなった[15]6世紀にもユスティニアヌス皇帝の時代にも法律として制定されている。

　597年エセルバート王の時代に、初めて教会が提供するサンクチュアリーに違反した時の罰則が定められている[16]

　Tania Leahらは、中世におけるサンクチュアリーについて以下のように述べている。

---

14) Tania Leah Haas, Sarah Brown, *Sanctuary: Old Idea, New Movement* , July 27.2007. http://newsinitiative.org/story/2007/07/27/sanctuary_old_idea_new_movement オンライン 2009. 5.29。
15) Hilary Cunningham, *God and Caesar at the Rio Grande,* University of Minnesota Press 1995 p74.
16) *Ibid.,* p75.

1540 年ヘンリー VIII 世の議会の際、様々な犯罪に対する教会のサンクチュアリーを廃止し、その代わりに、逃亡者が庇護される 8 つの町を作った。王室のコントロールがサンクチュアリーの実践に影響力を持ちはじめ、ますますサンクチュアリーを求める者には厄介なものになった。君主政治が力を増し、教会の権威は落ちていった。法が悪用され、公的な裁判制度が出来たり、規則が増え、サンクチュアリーは効果のないものとなっていった。1624 年には議会がサンクチュアリーを廃止した。[17]

この他、他の宗教においてもサンクチュアリーという考えがあったことが、Asian Tribune の難民支援の歴史の中で紹介されている。

イスラム教においてもコーラン（14:35-37）において、もっともイスラムにとって聖なる場所である"Kaaba"とそれを取り囲んだ"Haram-ハーレム、聖殿"はメッカで「神よ、この場所を安全な避難所としてください」という言葉と共にアブラハムによって建設された。伝統的に、ハーレムに避難してきた人は庇護された。事実、イスラムアラブ期より前からある砂漠の遊牧民（ヴェドウイン）は、武器を持たない旅人に対し 3 日間もてなす義務があるという伝統から由来する庇護の本質はイスラムにおいて高く評価されていた。この庇護は戦争時避難を求めてくる異教徒にまでその枠が広がった。コーラン（9:6）では「もし異教徒が避難をあなたに求めたなら、彼を庇護しなさい。そうすることによって彼はアラーの言葉を聴きそして、彼に安全を与えるであろう」[18]

また、カナダでは、ヒンズー教のシーク派もサンクチュアリー運動に参

---

17) Tania Leah Haas, Sarah Brown, *Sanctuary: Old Idea, New Movement*, July 27.2007 http://newsinitiative.org/story/2007/07/27/sanctuary_old_idea_new_movement オンライン 20095.29。

18) US Committee for refugees, *Evolution of the Term-Refugee,* Date -2007-31, Asian Tribune Vol06.No16, 30/05/2009.（私訳）

加している。このことについては、Tania Leah Haas, 以下のように述べている。

> カナダでは、1908年にアメリカとの国境の丘の上に立てられた最初のヒンズー教シーク派の寺院が、カナダに移民を希望したシーク派のインド人に寺院を提供した。丘の上に建てられた寺院の外にある旗揚げのポールの先には電灯がついており、安全なときは灯がともり、安全でない時は灯が消えていた。シーク派の宗教は500年前に始まり、サンクチュアリーは、市民サービス、セルフィッシュネスの中心的概念であった。"Gurdwara"（シーク教徒の神殿）は礼拝をする聖なる場所であり、又コミュニティーセンターのような働きをする場所でもあり、ホームレスや弱い人の為の避難所でもあった。どんな宗教を信じている人が訪れても、食事とシェルターを提供した。[19]

アメリカにおけるサンクチュアリー運動は、ユダヤ教、イスラム教、ヒンズー教など宗教を越えたinterfaith運動として展開されたのも、他の宗教においても、このサンクチュアリーの考え方があったからである。

このようなサンクチュアリーの考え方が、アメリカにおいては、南北戦争以前の奴隷解放運動、ベトナム戦争時の徴兵登録を拒否する人を支援する運動、そして1980年代の中南米からの難民の支援に繋がっていった。

(3) Underground Railroad（地下鉄道）

この地下鉄道（Underground Railroad）運動を通して教会は、南北戦争の前に、奴隷を奴隷制度のない州に逃がす援助をしていた。1810年から1850年の間に、3万から10万人もの奴隷が地下鉄道の助けを借りて逃亡したと言われている。このような行為は、1850年の逃亡奴隷法の「逃亡中の奴隷を発見したら、かくまわずに主人に明け渡さなければならない」

---

19) Tania Leah Haas, Sarah Brown, *Sanctuary: Old Idea, New Movement*, July 27.2007. http://newsinitiative.org/story/2007/07/27/sanctuary_old_idea_new_movement オンライン 2009.5.29。

とした規則に違反した行為でもあった。この頃、教会員は自分達のしていることは、「奴隷に対する待遇、見知らぬ人に対するもてなしの心」の聖書的解釈に立って行動していることであり、サンクチュアリーの意識はなかった。[20]

（4）ベトナム戦争時の教会における反戦運動

ベトナム戦争が起こった1960年代には、徴兵登録を拒否した人を教会が保護する運動がサンフランシスコ、ニューヨーク、デトロイト、プロヴィデンス、マリンシティー、カリフォルニアなどの教会で起こった。[21]

アメリカのサンクチュアリー運動について最初に説教を行ったのは、当時エール大学のチャップレンであったWilliam Sloane Coffin Jrである。その説教の中で彼は以下のように述べている。

中世時代の教会が、犯罪者に対して保護を提供したのだから、今日同じ事を私達の中でもっとも良心的な人びとに対して行って当然ではないだろうか？　中世の教会が、犯罪を犯した人に40日の猶予を与えたのであれば、今日何も罪を犯していない人に対して、無限の猶予を与えて当然ではないだろうか？　その人が良心的かどうかということを判断する責任から教会は逃れるべきではない。むしろ、教会は良心を持った人を保護する場となるべきであり、そのことによって教会が真に教会となる可能性を追求することになるのである。教会の中に警察権力が簡単に入りこんだら、教会員は良心を持った人びとが逮捕されないようにするのはむずかしい。しかし、教会員たちは、警察権力が高貴な良心を踏みにじっていく有様を社会に対して、示すことになった。[22]

---

20) Tania Leah Haas, Sarah Brown, *Sanctuary: Old Idea, New Movement* , July 27.2007. http://newsinitiative.org/story/2007/07/27/sanctuary_old_idea_new_movement オンライン 2009.5.29。

21) Hilary Cunningham, *God and Caesar at the Rio Grande,* University of Minnesota Press, 1995, p95.

22) *Ibid.,* pp.94-95.

Hilaryによると実際、1968年にRobert Talmansonは徴兵制の登録を拒否したことによる有罪判決に対して不服申し立てをしたが、最高裁により否決され、マリンシティーのSt.Andrew United Presbyterian Churchにサンクチュアリーも求めやって来た。しかし3日後に、剣棒と棍棒で武装した陸軍兵士が、教会にやってきて、支援者を押しやり、彼を講壇で逮捕し、教会から引っ張り出す事件があったと述べている。[23]

　教会の中に、警察が入り、サンクチュアリーを犯すということが、このベトナム戦争の反戦運動の中では起こったのである。

　このように、奴隷制度の反対運動、ベトナム戦争の反戦運動など、教会が信仰に立って、法律や体制に対して抗議し、当事者を保護するという流れが、1980年代のサンクチュアリー運動に影響を与えている。

(5) アメリカのサンクチュアリー運動（Sanctuary　Movement）（1980年代）

　William WestermanによるとアメリカのSanctuary Movementは、中南米の解放の神学の影響を受けた、中産階級の白人が中心となった運動であった。この運動が、中産階級の白人が中心であった理由として、弁護士、医師、そして難民を経済的に支える為の資金に莫大なお金が必要であった事が挙げられている。しかし、あまり知られていないが、サンクチュアリー運動に関わった黒人、ラテン系、ネィティッブアメリカンの教会もあった。[24]

　この運動がなぜ起こったのかを知る為には、まず1980年代に中南米で何が起こっていたかを知る必要がある。

　1968年にコロンビアの首都メジデンで開かれたカトリックの第2回ラテン・アメリカ全司教会議では『構造化された暴力』による貧富の差、及び貧困の問題が討論され、貧しい人々との連帯を決議し、村の中で15-20

---

23) *Ibid.,* p95.
24) William Westerman, *Religious Folklife and Folk Theology in the Sanctuary movement*, Journal for the study of Religion & Ideologies.
　http://www.jsri.ro/old/html%20version/index/no_2/williamwesterman-articol2.htm　オンライン　2010.2.20. の内容を要約し引用。

の家族がキリスト教基礎共同体を作り、祈りや聖書をともに読み、生活の困窮や不当な圧力から身を守る相互扶助を行った。

第二バチカン公会議以降は、解放の神学が盛んになり、教会のあるべき姿は、「貧しい人達の"ための"ものではなく、貧しい人達"の"あるいは貧しい人達"との"教会」であるとし、その姿をキリスト教基礎共同体に見出した。そして、人々は、聖書を通して、自分たちの尊厳について学び、神の子としての自覚を取り戻し、貧困の構造がなぜ起こっているのか、神がイエスを通してなされた業として、抑圧からの解放を読み取り、神の国は、「あの世」ではなく、まさにこの自分たちが生きている世界で起こるのだという事を信じ、声をあげていった。中南米のカトリックの教会が、この民衆の運動を支えた[25]。

しかし、このような動きは当時の支配者及び富裕層の人には脅威となり、80年代前半、中米のエルサルバドルやグアテマラは、アメリカの支援を受けた軍事独裁政権が「死の部隊」と呼ばれる民兵組織を使って、一般市民を暗殺した。多くの虐殺を受けた人達は、キリスト教基礎共同体で活動をしていた農民（compesinos）、カトリックの神父、シスター、信徒伝道師、組合のリーダー、学生などであった。このような虐殺が欧米に伝わり始めたのは、1980年、エルサルバドルで、貧しい人の中で働いていた4人のアメリカ人宣教師であったシスターが、レイプされ殺された事件と、ミサの最中に銃撃受け殺されたロメオ大司教の事件からである。4人のシスターの一人は、生前、メリノール修道会のシスターに「私達が貧しい人達と共にいる事を選ぶということは、私達は立場を明らかにしなければならない。いや、私達はすでに選んでいる。[26]」という内容の手紙を送り、そして、貧しい人達と連帯する運動に参加し、そして殺されたのである。またロメ

---

[25] William Westerman, *Religious Folklife and Folk Theology in the Sanctuary movement*, Journal for the study of Religion & Ideologies.
http://www.jsri.ro/old/html%20version/index/no_2/williamwesterman-articol2.htm オンライン 2010.2.20. を参照。

[26] Renny Golden and Michael McConnell, *Sanctuary: The New Underground Railroad*, Orbis Book, 1986, p18.

第10章　アメリカにおけるサンクチュアリー運動(Sanctuary Movement)と教会　　199

オ大司教は、「たとえ自分が殺されても、私は、エルサルバドルの民衆の中に蘇る」[27]と暗殺される数週間前に語っている。このように、政府の抑圧や脅迫、殺害にも屈しないキリスト者が、貧しい人の側に立つ（Preferential option for poor）という信仰を持って、解放運動を展開して行った。このような民衆を抑圧している政府に武器を売っていたのがアメリカであった。その頃、政府の弾圧と虐殺を逃れた人々が、メキシコ経由でアメリカに向かいアリゾナ国境に集まっていた。彼らは政治的な理由で迫害されていたが、当時アメリカはエルサルバドル、グアテマラなどと友好国であったため、難民であるにもかかわらず、難民として受け入れることを拒み、逮捕しては、そのまま母国に強制送還した。あるデータによると、1980年代、アメリカにエルサルバドルから約50万人、グアテマラからは約20万人の難民がアメリカに逃れてきた。[28] 1980年以降、アメリカ政府は、毎月500-1000名のエルサルバドル人、グアテマラ人を母国に強制送還していた。エルサルバドルにおいては、空港からサンサルバドルまでの道は「死の道」と呼ばれ、強制送還された人が、殺される有名な道であった。[29] このような状況において、アリゾナ州Tucsonに住む長老派牧師のRev.John FifeとクエーカーのJim Corbettは1981年にメキシコとの国境を持つアリゾナ州で、国境に滞留した大勢の難民たちを保護する「サンクチュアリー（避難所）」運動を始めた。1982年3月24日、ロメオ大司教の2回忌に、Rev. John Fifeの教会Southside Presbyterian教会は、他のいくつかの教会と共に、最初のサンクチュアリー宣言を行った。1982年に30の教会やユダヤ教寺院や様々な宗教関係の団体がサンクチュアリーを宣言し、その輪は1984年には3000ものカトリック、長老派教会、メソジスト教会、バプテスト教会、ユニテリアン　ユニバーサーリスト、ユダヤ教、メノナイ

---

27) *Ibid.*, p20.
28) William Westerman, *Religious Folklife and Folk Theology in the Sanctuary movement*, Journal for the study of Religion & Ideologies.
http://www.jsri.ro/old/html%20version/index/no_2/williamwesterman-articol2.htm　オンライン　2010.2.20。
29) Renny Golden and Michael McConnell, *Sanctuary: The New Underground Railroad*, Orbis Book, 1986, p1.

ト、クエーカなど教派、宗教を越えた運動となったと Renny Golden and Michael McConnell は述べている。このように広がっていく運動の中で、非正規滞在者を支援したり、入国するのを手伝ったということで、多くの活動家が逮捕され、裁判が行われた。有罪判決を受け、刑に服する人もいた。しかし、サンクチュアリーに参加する人たちは、リスクを承知の上でこの運動に参加し、約1000人の中南米からの避難民に、宿泊所を提供し支援した。このような働きを支えたのが、中南米から来る人が話す証言であった。家族が殺されたり、多くの女性たちが軍隊によってレイプされたりした。拷問にあった人の証言を聴くことにより、人びとの心は動かされた。難民が証言をする際に、母国の家族の安全を守るため、顔にバンダナを巻いて証言をした。そのため、サンクチュアリー運動の象徴はバンダナとなった。

　サンクチュアリー運動においては、難民を保護し、支援するだけでなく、中南米の解放の神学の流れを汲み、中南米の貧しい人たちとの連帯という名の下に、多くの人たちが貧困の原因である自分達の国の問題にも関心を持つようになった。サンクチュアリー運動は、アメリカ人、特に中産階級の白人層にとっての解放の神学への参加であり、その当時、中南米で起こっている虐殺とアメリカのかかわり（武器の輸出、民衆を抑圧する政府を支援しているレーガンやブッシュの政権）について、虐殺を恐れて避難してきた中南米からの難民の証言を聞き、学び、社会の意識を変革していく運動となっていったのである。

　法律的には、教会がサンクチュアリーを提供することを保障する法律はない。しかしながら、入国管理局の職員も警察官も教会の中で、逮捕しないという暗黙の了解がアメリカにはあり、教会やユダヤ教の寺院、修道院など宗教施設が、中南米からの難民に宿を提供し、法的な政治難民の手続きを支援した。

　では、一体どのような神学や信仰が、この運動を支えていたのであろうか？

2 サンクチュアリー運動を支える神学

サンクチュアリー運動を支える信仰には、大きく分けて二つの柱があると考えられる。一つは、聖書の言葉を純粋に実行する信仰、そして二つ目は、アメリカにおける解放の神学の実践である。まず、最初に、この運動を支えた、聖書の箇所について考えていきたい。

(1) 聖書に生きる信仰

以下の聖書の箇所は、サンクチュアリー運動において、中南米から来た人達に宿を提供し、様々な支援をしてきた人達の活動を支えた箇所である。これらは、前述した歴史的サンクチュアリーの思想の根底に流れていた精神を受け継いだものでもあった。

> もし、他国人があなた方の国に寄留して共にいるならば、これをしえたげてはならない。あなた方と共にいる寄留の他国人を、あなた方と同じ国に生まれた者のようにし、あなたがた自身のようにこれを愛さなければならない。あなたが、かつてエジプトの国で他国人であったからである。私はあなた方の神、主である。(レビ記19章33-34節)

> あなた方は、寄留の他国人をしいたげてはならない。あなた方はエジプトの国で寄留の他国人であったので、寄留の他国人の心を知っているからである。(出エジプト記22章21節)

> お前達は、私が飢えていた時に食べさせ、喉が渇いていた時に飲ませ、旅をしていた時に宿を貸し、裸の時に着せ、病気の時に見舞い、牢にいた時に訪ねてくれたからだ。(マタイ25章31-46節)

> 兄弟としていつも愛し合いなさい。旅人をもてなす事を忘れてはいけません。そうする事で、ある人達は、気づかずに天使達をもてなしました。

（ヘブライ 13 章 2 節）

　目の前で、虐殺から逃れ、必死に生きようとしている人を見て、聖書の言葉に生きることを選んだ人達が、サンクチュアリー運動に参加したのである。この人達は、人間が作った法律より神から与えられた律法に忠実になることを選んだのである。現代も、デンマークで行われているディアコニア運動について、関西学院大学のエルス・マリー・アンベッケン教授は以下のように語っている。「デンマークで今、活発にディアコニア運動を行っているのは福音主義教会が中心で、リベラルな教会ではない」
　私達は、ともすると神学を学ぶことに時間をかけ、聖書の言葉に生きるということを後回しにしているのではないだろうか。解放の神学者の一人であるグスタボ・グティエレスは、以下のように述べている。

　神学は、社会を映し出すものであり、社会を批判的に見る目である。神学は、現実社会の次に来るものであり、教会の牧会活動は、神学的前提から導き出されるのではない。神学は、牧会活動を作り出すのではなく、むしろ神学は牧会活動から反映されるものである。解放の神学は、社会の不正義を撲滅し、新しい社会を作ることに身を投うじた人たちの信仰の意味と、経験を反映させる事の試みである。解放の神学は、社会の中で抑圧された階級の人たちが、抑圧者に対して起こした戦いの中で立証されなければならない。[30]

　サンクチュアリー運動は、抑圧された人々を無視したり、傷つけたりする政策に対しての倫理的抵抗（Moral Opposition）を共同体としてあるいは教会全体として表明する具体的な行動であった。ここでは、聖書に生きる行動（Praxis）と連帯（Solidarity）が重要視されたのである。

---

30) Hilary Cunningham, *God and Caesar at the Rio Grande*, University of Minnesota Press 1995, p.111.
　（Gutierrez, Gustavo, *A Theology of liberation*, Maryknoll, N.Y.; Orbis Books, 1973, 11, p.307.）

(2) ラテンアメリカの解放の神学への応答

 解放の神学において、重要な概念の一つとして、ブラジルの教育学者パウロ・フレイレの言うところのConscientization（意識化）があげられる。解放の神学においては、現代のテキストを元にキリスト教共同体において、経済的、社会的、政治的な不正義がなぜ起こっているのかを分析し、構造化された暴力（Institutionalized violence）に対抗していくことが求められている。そのために、何が起こっているのかを知っていくことが大切なのである。サンクチュアリー運動の中で行われた典型的な礼拝のスタイルは、以下のようなものであった。

 William Westermanによると、まず、ユダヤ教、プロテスタント、クエーカー、カトリックなど様々な宗派が参加しているので、それぞれの伝統をミックスしたInterfaithのスタイルで礼拝は公の場で行なわれた。難民たちの証言、その後、牧師／ラバイによる説教、讃美歌、聖書朗読、中南米の人との連帯をこめて、パンの代りにトルティアを用いた聖餐式が行なわれた。この礼拝の中で語られる、難民の証言は、アメリカ人に何が起こっているのか、何が問題なのかということを考えるConscientization（意識化）をもたらせた。以下は、難民の証言の一つである。

 私の16歳の妹と17歳の弟と私は、1980年12月エルサルバドルを去った。その当時私は、首都にあるカトリック教会の伝道師として、キリスト教基礎共同体に係わっていた。そこでは、私達は、自分の生活にそくして聖書を読んだ。私達の生活の中にある苦悩や貧困そして不正や搾取がなぜ起きているのかを聖書を通して理解することが目的であった。私達は、聖書を教えるために様々なところに行き、特に地方に行き、人びとの意識を高める事を試みた。なぜ、搾取があるのか、なぜ不正義が存在するのか、子供たちの学校がなぜないのかということを共に考えた。私達は衣服を集め最も貧しいコミュニティーに持って行った。
 1979年、政府の虐殺はより激しくなった。私たちが、貧しい人たちと一緒に働いているため、教会は反政府運動をしていると見なされた。私

達は、貧しい人たちと信頼関係を築いていた。教会に、民兵団（Security force）が来て、神父を誘拐し殺害するといううわさを聞き、お互いに会うことが怖くなった。ある日、神父がミサをあげている時、民兵団は神父を銃で撃った。しばらく後に、私の同僚は、職場で誘拐された。その後、彼からは数ヶ月間何の連絡もなかった。しばらくして、私達の前に彼が現われたとき、あまりにも変わり果てた姿に彼だと気づかなかった。彼はやせこけ、身体には拷問の跡と見られる傷が残っていた。彼は、耳と鼻と目に電気ショックを受け、窒息させるために酸化カルシュウムを塗ったゴムのマスクを口に着けさせられ、自白を強要された。「武器はどこに隠しているのか」「おまえのグループの人びとの名前はなんだ」とか「人びとに革命を教えている共産主義の神父は誰か」などという詰問を受けた。彼は、拷問によって気を失うと、彼らは冷たい水をかけて目を覚まさせた。拷問は何度も続いた。彼はトイレを使うことを許されておらず、服の中で用をすまさなければならなかった。彼がとらわれていた牢獄の中で、誰かが自分の排泄物で壁に「神様、いつかあなたがこの牢獄の中を見て、私たちを助けてください」と書いていた。彼は自分は死んだと思っていた。又、民兵団も彼が死んだものと思っていた。彼はトラックで、どこかに連れて行かれ、野ざらしにされていた。意識が戻った時、彼は人々と一緒に家にいた。そして、人びとは畑の中で彼を見つけたこと、犬が彼のにおいをかぎつけ、ハゲタカが彼を食べようとして上空で飛んでいたことを話した。そして、彼は、教会に来て、私たちにもう二度と会わないほうがいいと、言った。彼は拷問を受けたとき、私達の名前を出したかどうか覚えていないと言った。ある日、自警団が私の家に来て、私を探していたと聞いた。これは、多くの人達にも起こったことである。彼らが来る時には、彼らは行方不明にするために来るのである。それを聞いて私は、実家のある田舎の町に隠れた。そこでも、たくさんの人びとが殺されていた。そこでは、見たことのない光景が繰り広げられていた。例えば、道に死体が転がっていたり、ごみ処理場に人びとが遺体を捜しに行ったり、犬が口に人肉をくわえて歩いていたりした。夜間外出禁止令が出た日、銃声が聞こえた。しかし、ドアを開か

なかった。それは、見ようとすれば自分も殺されるからである。ある日、白昼銃声が聞こえた。私達は、隣の家に逃げ込むと、その家族全員が撃たれていた。母親、17歳の息子、そして父親。お母さんと息子の遺体は抱き合っていた。生き残った16歳の娘は、兵士が家族全員で死ねと言った事を話した。16歳の娘は家の中でレイプされ、車で連れ去られた。次の日、彼女は町に現われた。彼女は何度も兵士らにレイプされた。私の友達で学生だった人は、バスに乗っていたところおろされて、『行方不明』になった。もう一人の学生の友達は、殺された。その町では、人びとは恐れていた。というのは、教師やシスターや学生が学校で殺されていたからである。夕方5時になるとみな扉を閉め、絶対にあけなかった。私達は、自分たちが殺される前に、エルサルバドルを去ることにした。〔……〕（アリシア）[31]

このような証言を聞くことにより、人びとは立ち上がり、中南米の抑圧された人々と連帯し、難民をもてなし、政治難民の手続きを支援し、それと同時に、アメリカ政府に対して、武器輸出をしないように要請し、中南米政策の見直しを訴えていったのである。抑圧されている人たちと出会い、その中で苦悩しながら戦っている人たちの声を聴くことで、様々な問題に気づき、それが、人々を行動へと導いたのである。知ることの大切さを、この運動は私たちに教えてくれているのである。

おわりに――我々はSanctuary Movementから何を学ぶのか？

私達は、自分が求めて外に出ない限り、教会で様々な社会の現実の中で生きている人達の声を聴く機会に出会うことは難しい。1980年代のアメリカで、中産階級の白人層の宗教者たちが中心となり、この運動が広がったのも、教会において、抑圧から解放を願う中南米からの難民たちの証言

---

31) Renny Golden and Michael McConnell, *Sanctuary: The New Underground Railroad*, Orbis book, 1986, pp.159-162.

を通して、遠い中南米で起こっている抑圧と自分達の国アメリカがどのように関連しているのかを学ぶ機会があったからである。そして、何よりも影響力があったのは、当事者が参加し、現実を目の当たりにしたからである。証をする際の赤いバンダナがサンクチュアリー運動の象徴となり、声なき者の声が人々に届くことで連帯が生まれたのである。私達も、教会の中で、日本において難民申請を行っている人たちの声を聴いたり、非正規滞在者の置かれている状況について当事者から話を聞く機会を作ったりすることで現実を学ぶことができ、移住労働者の様々な問題に積極的にかかわっていくことができるのではなだろうか。

アメリカのサンクチュアリー運動は、運動を通して、「不法入国した人達」を政治難民として申請する手続きを支援した。しかしレーガン政権では、中南米から難民申請した人のたった3％以下しか政治難民として認定されなかったとも言われている[32]。

日本においても、2008年の難民申請数は1599名、その内57名の人しか認定されなかった[33]。そして、この認定を待つ人々は、第1次審査の結果が出るまでに平均して472日、異議申告された場合、合計で約766日と、審査期間が長期化する傾向にある[34]。また、同NPOの報告によると、審査期間を待っている間、難民達の多くは、就労が制限されたり、国民健康保険や生活保護の行政サービスも除外され、困窮した生活が余儀なくされている[35]。

私達の国で、「見えなくされている人達」が日本のどこかで健康を害することを恐れながら、そして生活困窮に苦しみながら、どうにか生きていく道を模索しようと必死に生きている。まず、私たちが、「見えなくされ

---

32) William Westerman, *religious Folklife and Folk Theology in the Sanctuary movement*, Journal for the study of Religion & Ideologies.
http://www.jsri.ro/old/html%20version/index/no_2/williamwesterman-articol2.htm オンライン 2010.2.20。
33) 難民支援緊急キャンペーン事務局、NPO法人難民支援協会「近年の難民認定申請の動向」『M－ネット』No125,移住労働者と連帯する全国ネットワーク、2009年12月、3頁。
34) 同、4頁。
35) 同、4頁。

ている人達」と出会い、声を聞き、自分達の国について、そして世界で起こっていることを知り（Conscientization 意識化）、知ることから連帯（Solidarity）が生まれ、一人の人のいのちの尊厳にかかわっていくことが出来ることを、アメリカのサンクチュアリー運動は私たちに示してくれているのである。

あとがき

　ここに収めた論考は、「まえがき」にあるように、特定プロジェクト「キリスト教的視点からの人間の尊厳と深淵」研究センターの成果である。同時に大学共同研究として研究費を受けた研究の成果物でもあり、また日本キリスト教団信濃町教会の研究資金援助を受けた研究成果でもある。

　本研究の発端は、神学部において、キリスト教的視点からの人権研究の必要性の認識をもとに当時の神学研究委員会の委員三名（向井考史、山田香里、土井健司）が相談するところからはじまった。そこで共同研究者を募り、法学部の栗林輝夫、社会学部の山上浩嗣、そして神学部の中道基夫を加えて研究を開始した。また2009年4月からは神学部の榎本てる子、岩野祐介も加わっている。2007年4月1日から2009年3月31日までの二年間、関西学院大学共同研究として採択されて研究費の支給を受け、さらに2009年4月1日から2010年3月31日までは日本基督教団信濃町教会から研究費の援助を受けて研究活動を続けた。このような財政的に窮屈な時代に資金を援助していただいたことには、心から感謝したい。

　さらに研究会としては、2007年10月から2010年9月の三年間関西学院大学から認定された特定プロジェクト研究センターとして活動をしている。

　研究会は休暇期間を除き、原則毎月1回実施するようにして、センター研究員を中心に交代で発表を行い、議論を交わしてきた。センター研究員はこの三年の期間のうちに合わせて3回の発表をしている。また外部の研究者をお招きして、研究発表をお願いした。詳細は大学の発行する『研究成果報告書』に譲るが、仏教の視点から爪田一壽先生（武蔵野大学准教授）より「仏教における人間の尊厳と深淵――浄土教の人間観を中心に」と題してご発表をいただき、また新約学の佐藤研先生（立教大学教授）からは「イエスにおける尊厳と深淵」と題したご発表をいただいた。

　特定プロジェクトセンターは、本論集を主たる成果として、この9月をもって一応の区切りをつける予定でいる。もちろんこのテーマを研究しつくしたと考えているわけではない。なぜ人間の尊厳というものが踏みにじられるのか、人間に潜む深淵とは何か、そして人間とは何なのか、この問

いは根源的なものである。その意味でテーマの大きさを再認識させられ、新たな研究の方途を模索せねばならないと痛感するのが実情である。しかしそれでも同時に、この大きなテーマに対して、この論集が何ほどかの寄与をなしてくれればと願う次第である。

　最後に、本書の編集実務を担当した岩野祐介さんを含めて、本研究センターのために尽力くださった方々に心からお礼を申し上げたい。

　　2010年7月

　　　　　　　　　　　　　関西学院大学特定プロジェクト
　　　　　　　　　　　　　「キリスト教的視点からの人間の尊厳と深淵」研究センター
　　　　　　　　　　　　　　　センター研究員　　土 井 健 司

執筆者略歴（掲載順）

向井考史（むかい たかふみ）
関西学院大学神学部教授
〈主要業績〉
「エレミヤ書二九・五-七の一解釈——真の預言者と偽わりの預言者をめぐる一視点」『神学研究』第 36 号、関西学院大学神学研究会、1989 年。
"Interpreting the Bible in the Age of Culture-Shock", *ATESEA Theological Workshop, Association of Theological Education in South-East Asia,* 1985.
「第二イザヤの創造論 (I)-(V)」『神学研究』第 24 号 - 第 33 号、関西学院大学神学研究会、1976-1985 年。

佐藤　研（さとう みがく）
立教大学文学部キリスト教学科教授
〈主要業績〉
『はじまりのキリスト教』岩波書店、2010 年。
『イエスの父はいつ死んだか——講演・論文集』聖公会出版、2010 年。
『禅キリスト教の誕生』岩波書店、2007 年。

土井健司（どい けんじ）
関西学院大学神学部教授
〈主要業績〉
単著：『愛と意志と生成の神　オリゲネスにおける「生成の論理」と「存在の論理」』教文館、2005 年。『神認識とエペクタシス』創文社、1998 年。
共著：「忘却されし者へ眼差しを——バイオエシックス・人間愛・キリスト教」小松美彦／香川知晶編『メタバイオエシックスの構築へ——生命倫理を問いなおす』NTT 出版、2010 年。

山田香里（やまだ かおり）
関西学院大学神学部専任講師
〈主要業績〉
「トラディティオ・レギス（法の授与）図再考 ミラノ、サンタンブロジオ教会蔵、スティリコの石棺を巡る考察」『神学研究』第 57 号、関西学院大学神学研究会、2010 年。
「初期中世ローマにおけるマリア図像」『礼拝と音楽』139 号、日本基督教団出版局、2008 年。
Le scene di Banchetto nelle catacombe cristiane di Roma: le raffigurazioni e le iscrizioni della catacomba dei SS. Pietro e Marcellino sulla via Labicana,
Kwansei Gakuin University Humanities Review11, 2006, pp.25-40.

栗林輝夫（くりばやし てるお）
関西学院大学法学部教授
〈主要業績〉
『アメリカ大統領の信仰と政治』キリスト新聞社、2008 年。
『原子爆弾とキリスト教──広島・長崎は「しょうがない」か』日本キリスト教団出版局、2008 年。
『キリスト教帝国アメリカ』キリスト新聞社、2005 年。

山上浩嗣（やまじょう ひろつぐ）
大阪大学大学院文学研究科准教授
〈主要業績〉
単著：「〈相反するもの同士の不可能な結婚〉──ミシェル・トゥルニエ『ガスパール、メルキオール、バルタザール』における〈聖体〉のパラドクス」『関西学院大学社会学部紀要』107 号、2009 年。
「パスカルにおける〈習慣〉の問題」『フランス哲学・思想研究』12 号、2007 年。
共著：「パスカル『パンセ』における〈愛〉」平林孝裕・関西学院大学共同研究「愛の研究」プロジェクト共編『愛を考える──キリスト教の視点から』関西学院大学出版会、2007 年。

上田和彦（うえだ かずひこ）
関西学院大学法学部教授
〈主要業績〉
「要請としての異邦のもの──モーリス・ブランショ『奇異なことと異邦のもの』解題」『思想』999 号、岩波書店、2007 年。
「フィリップ・ラクー＝ラバルト──神話、供犠、自伝」『外国語外国文化研究』14 号、関西学院大学法学部、2007 年。
『レヴィナスとブランショ──〈他者〉を揺るがす中性的なもの』水声社、2005 年。

中道基夫（なかみち もとお）
関西学院大学神学部准教授
〈主要業績〉
単著：『現代ドイツ教会事情』キリスト新聞社、2007 年。
共著：「第 2 次世界大戦後の日本におけるキリスト教社会福祉事業とドイツのデイアコニッセ」『日本におけるドイツ』新教出版社、2010 年。
「礼拝の中の牧師」『関西学院大学神学部ブックレット 1　信徒と牧師』キリスト新聞社、2008 年。

岩野祐介（いわの ゆうすけ）
関西学院大学神学部助教
〈主要業績〉
単著：「内村鑑三における祈りの問題」『内村鑑三研究』第四二号、教文館、2009 年。
共著：「内村鑑三における隣人愛思想」芦名定道編著『多元的世界における寛容と宗教性——東アジアの視点から』晃洋書房、2007 年。
「近代——『異文化との出会い』としてのキリスト教受容」芦名定道編著『比較宗教学への招待——東アジアの視点から』晃洋書房、2006 年。

榎本てる子（えのもと てるこ）
関西学院大学神学部准教授
〈主要業績〉
単著：「保育現場における HIV 感染症予防ガイドライン作成に関する一考察——日本キリスト教保育所同盟における感染症への取り組みを手がかりにして」『神学研究』第 56 号、関西学院大学神学研究会、2009 年。
共著：「牧会カウンセリングの現場における『聴く』ことと癒し」『関西学院大学神学部ブックレット 2　癒しの神学』キリスト新聞社、2009 年。
「We are not alone ——神われらと共にいます」『イエスの誕生』キリスト新聞社、2005 年。

人間の光と闇
キリスト教の視点から

2010 年 9 月 30 日初版第一刷発行

編著者	向井考史
編　者	「キリスト教的視点からの人間の尊厳と深淵」研究センター
発行者	宮原浩二郎
発行所	関西学院大学出版会
所在地	〒662-0891
	兵庫県西宮市上ケ原一番町 1-155
電　話	0798-53-7002
印　刷	株式会社クイックス

©2010 Takafumi Mukai
Printed in Japan by Kwansei Gakuin University Press
ISBN 978-4-86283-068-5
乱丁・落丁本はお取り替えいたします。
本書の全部または一部を無断で複写・複製することを禁じます。
http://www.kwansei.ac.jp/press